うちの3姉妹
「ぷりっつ家は今日ものほほん」
～3姉妹4年間の子育て日記～

ぷりっつ家のひとびと

母

「漫画家・主婦・お母さん」の３つの仕事で日々大忙し。元幼稚園の先生なので子育てなんて楽勝！……のはずが、個性豊かな３姉妹には振り回されっぱなし。ツッコミどころ満載の毎日、ネタはつきません！

父

フツーのサラリーマン。競馬と家族をこよなく愛し、川原でバーベキューを焼かせると右に出るものはない。３姉妹をしかるときと競馬でボロ負けしたときは、ちょっぴり怖い。

Sisters

長女 フー

2000年2月生まれ

“頭の中はいつもメルヘン”な3姉妹の長女フーちゃんは、バレエに勉強に熱心ながんばり屋さん。豊かな想像力と意表をついた行動で、今日もおっぺけぺ街道まっしぐら！

次女 スー

2002年6月生まれ

個性的でマイペース、まさに真ん中っ子なスーちゃん。家の中では自由人、一歩外に出ると繊細でビビリ屋さん、その実態は……3姉妹イチの頼れるしっかり者なのです。

三女 チー

2004年7月生まれ

どんなものでもバッチコイ。赤ちゃん時代から「社長キャラ」のチーちゃんは、絵にかいたような末っ子気質。のびのび大きくなっていくチーちゃんから目が離せません！

みなさん こんにちはー
ぷりっつ ファミリーでーす
このたびは ずっと連載してきた 「ぷりっつ家は今日も のほほん」を一冊の本に していただき とても感激して おりますっ
ありがとう ございまーーす!!
改めてスタートした頃の 原稿を見直してみると…
チー 3才!!
ガーン

3才といったら入園前!!
完ぺきにチビッコギャングまっただ中!!
勝手に幼稚園に行こうとしたり…
いってきやーっしゅ
おまち
泣くと手がつけられず…
ぎゃあーーっ
ちわうっ
ばめっ
だめだお
ちわうけろ!!(ちがうけど)
じゃいじょうぶ(大丈夫)
覚えたての生意気ワードを連発していた頃でしたねェ…
幼稚園の年長さんになった今では…
今日は体操服持っていくから
自分できちんと支度をしたり…
16日にお誕生会があるからその日は水筒持っていくね。あと工作で使う牛乳パック集めるってー
先生の話はしっかり覚えている…
は…はいっ

うんてい・鉄棒・自転車……
がんばり屋な面もできて本当に成長したと思います…。
うっ
連載当初年中さんだった次女は、というと……
マジメでキレイ好きで
きちっ
ピシッ
ちょっと てれ屋さん……
てれっ
うーん 今も全然かわってないですねェ
相変わらずお友だちになかなか心を開かなかったりひじょ～に繊細なところがあるので親としてはいろいろ気をつかいますが…
でもあの子まだ友だちじゃないし…
同じクラスの子はみんな友だちだと思うケドー?!
家での自由っぷりも健在で
てれってれってれんてん

てれれ
てれって
てれれれん
とぅん
とぅん
歌うまいね…
フーかノリノリですネ…
えっ 勝手に聞かないで
エエッ?!!
その発言にはビックリすることも多々ありますが
しっかり者なのでこのままいってくれると助かります。
君もしっかりしなさいっ
私の分までしっかりと…♡
そしてうちの長女・フーはおっぺけ代表
あの頃小学2年生…
つねにメルヘンの世界に住む元祖メルヘナー
みてこの水晶
これが光った時願いがかなうよ
ビー玉
忘れ物をしてもそのことに気づかないキング・オブ・おっぺけ。
また玄関に体操着ーっ
ムキーッ
女神様!!
来てくださったんですネ
私はココです
地球です
……
一人芝居もついていけないレベル…

そんな長女も5年生になり、いろいろと落ちついてはきましたが
今日は委員会があるから早く学校いくの!!
おっぺけは簡単には直りません。
また玄関に体操着ーーっ!!
ムキー
ある日…
持ち物をこのホワイトボードにかくことにしたの!
毎日!!
おぉエライ
でもそれちゃんと続くのォーっ?
疑。
できるよーー
1日目…
国語 ー プリント
家庭科 ー エプロン
しゅくだい
たいそうぎ
5日目…
4日間続きました…。
…
マリオ
ルイージ
まあ、そんなとことんマイペースな3人の育児をしながら、日々みんなが夢中になったものや楽しかった思い出をつづってきたのが「ぷりっつ家は今日ものほほん」です!

「のほほん」とか言いつつ実際の現場は全然のほほんじゃないんですが…
ゴラーーッ
イラ イラ
ガーン
バタバタの日々の中にも好きなことや楽しめることをみつけて
みんなで笑って過ごせるといいなというのが私の理想でして…
様々なわが家のライフスタイルをみて、みなさんにものほほんとした気持ちになってもらえたら嬉しいなーと思います。
ダイエットネタなどとっくに挫折しているものもありますが…
ホホホホ
フーの母ですからね
さらに、みなさまのおかげでいろいろなところに進出させていただいた「うちの3姉妹」…その歴史もふり返ることができますよ〜
こんなこともあったわねェ
3人の成長を感じつつ…
ぜひお楽しみくださいませーー♡
はじまりはじまり〜〜♡

「ぷりっつ家は今日ものほほん」Contents

Part 1

2007年4月～ 2008年3月

フーちゃん
小2

スーちゃん
年中

チーちゃん
3才

入園・入学シーズンに思うこと。それは「母のスーツは毎回同じでいいか?」という大問題なのです

ピカピカのランドセルに、真新しい制服。入園・入学の日って、幼いと思っていたわが子が急にひとまわり大きく見えたりして、なんだかうれしいようなさみしいような、不思議な気持ちになっちゃうんですよね。それにしても、子どもが3人いると入園・卒園・入学がひっきりなし。去年は長女の入学と次女の入園がダブルでありました。さらに来年は三女の入園。その翌年には次女の卒園と入学、1年あいて三女の卒園と入学、その次の年には長女が小学校卒業……、無限のループ!?

ここで問題なのが、母のファッション。3人とも同じ幼稚園&小学校だし、記念写真だって毎回撮るし、「去年と同じスーツじゃダメよね!?」なんて思うじゃないですか。「スーツなんて着る機会は少ないけど、やっぱり新しいのがほしい!」「スーツを買ったらバッグもほしくなっちゃう～」と、主役そっちのけで悩む私。それを冷ややかに見てるダンナ。

わかってますよ、だれも私のことなんか見てないって言いたいんでしょ。までも、入園・入学は母にとっても特別なセレモニーですもの。希望に輝く主役たちには負けていられないのだ。

この春のよき日、自己満足でいいから、母にもキッチリかっこつけさせてください!

(……で、私はあと何回かっこつければいいんでしょう?)

春といえば
入園・入学シーズンですね!!
去年わが家は長女の入学と次女の入園が重なっていました。
そこで大変なのが…
母のスーツ選び♡
わーーーっ
着ようと思ってたのがきつくなってるーー
でもコレはフーの入園式にも着たから先生に「また同じの着てる」って思われちゃう?!!
ギャン
ギャン
コサージュとネックレスどーしよーー
どーん
主役はお前じゃないしだれもお前なんか見ていないっ!!!
ビシッ
ゲフッ
ま…たしかにね。
だいいち、三女の足あととヨダレであっというまにボロボロさっ。

競馬場は3姉妹のパラダイス。大人は馬券！子どもは遊具！思い切り遊んじゃおう!!

競馬場って、赤ペンを耳に挟んだオジサンがいっぱい……っていうイメージかもしれないけど、じ・つ・は、週末は大勢のファミリーでにぎわう、子連れのおでかけにもってこいのスポットなのです！

わが家も、東京競馬場には何度も遊びに行っています。なんといっても、芝生が広くて気持ちがいい！そして子どもが喜ぶ遊具がいっぱい！

うちの子どもたちのお気に入りは、芝生広場を一周するミニ新幹線。2才のチーも楽しめるサイズで、なにより無料。

すべり台やアスレチックもすごいスケールで、1日では遊びきれないくらいです。さらにレースが始まると、お馬さんが目の前を駆け抜けていくのが見られるので大興奮（いちばん興奮しているのはもちろん父ですが）。

子どもが選んだお馬さんの馬券をふざけて買ったら大当たりして、みんなでおいしいもの食べたことがあったっけ（笑）。

さんざん遊んで大声出して、はっと気づいたときにはもう夕方……。「もっと遊びたいなあ」ってつぶやく子どもたちといっしょに、なんとなくさみしい気持ちになるのは、手元に残ったハズレ馬券のせいだけじゃない。

とにかくとっても楽しい競馬場。これからもガンガン行くつもりです！（ハズレ馬券は増やさないようにしますとも）

お天気のいい日はお弁当持って東京競馬場へ
ゴーー!!
広い芝生の上でのんびりするぞー
← 新設スタンドも圧巻!!
やっほーーい
あれやろーー
新幹線乗ろーー
すべり台いこー
お馬さんみよー
ごはんためたい
まってまってー…
競馬新聞みるヒマがないっ!!
あきらめな
ゼイゼイ
競馬場は子どものパラダイス♥

衣がえがつらいなんて私だけ？
母の苦悩も知らず
3姉妹はうきうきファッションショー

衣がえ。できることならすっとぼけて通り過ぎたいうっとうしい行事。とくに私みたいなめんどくさがりにはもはやこれは罰ゲームなのではないだろーかと思うほど。しかも年に2回ときたもんだー！（泣）

いや別に、夏服と冬服を入れかえるだけならさほど大変ではない。しかしわが家には、日々進化……いえ、成長し続ける3人の娘っこがいるわけでして。この、幼児期の子ども服のサイズっていうのがものすごいクセモノなのだ!!

今は90㎝を着ているけど、冬には100㎝になる、とかそういう微妙な成長が実にややこしい。それと長女が冬生まれで下2人が夏生まれというのもこれまたやっかい。長女が年中さんのときの夏服を出してみたら、次女にはもう小さい（なんのために3年間も保存したの!?）ということもある。

そんなこんなで、毎回どれを出してどれをしまっておけばいいのかと頭を悩ませている間に、目の前は子ども服の山。さらに、奥のほうから出てくる小さな小さなロンパース。「あーん、こんなの着てたんだよね〜」なんて懐かしがってるうちに、気づけば夕方。とても大人の服まで手が回らず、父は明日も押入れの奥の衣装ケースから夏服をひっぱり出して着ていくのだろう。

ああ、夏服も冬服も全部まとめてしまっておけるでっかいタンスがほしい……。

子どもたちも 久しぶりの
半そでに
ワクワク♥
これ かわいー
これ ずっと前にも 着てたよね ーーっ
ただ、まだ 毎日の
気温差があって 着るもの
に悩みますよね…。
う〜
今日は 寒いから パーカー 着ようっと
ブルッ
フーちゃん これで いい?!
とこ夏
…お前も 少しは悩め よ…
冬服↓夏服の
衣がえはタンス
の中がすっきり
するから
嬉しい。
タンスが あけやすく なった♥

朝ごはんは、ごはん派？パン派？
みんなの希望を満足させるってかなり難しいんですけど！

1日を元気に過ごすためにとっても大事な朝ごはん!! みなさん、ちゃんと食べてますかー？ 私は、起きた瞬間から何を食べようか考えちゃうほど、朝っぱらから食欲旺盛。

そんな私の理想は、ホームベーカリーで焼いたパンに、手作りジュース、スープとサラダにデザートはヨーグルト……そんなホテルみたいな優雅(?)な朝ごはん。

しかし、なかなか実現しません。理由は、ホームベーカリーを持ってないからってことだけじゃない。

それはダンナが「朝食はごはんとみそ汁」派だから。そこにスーが「たまごかけごはんがいい～」「やっぱタラコごはん」と加勢。だったら全員ごはん朝食にするか？と思うと、フーとチーは「トーストが食べたい！」とくる。もともとパン好きの私に拒絶する理由はない。結局、ごはんとパンの2パターン用意をすることも……あぁめんどくさい！

さすがに「1種類しか作りたくない」というときは、最終兵器を用意します。それはうどん(笑)。朝に食欲が出ないダンナに好評。

でもね、全員でズルズルとうどんをすする朝の食卓は、私のあこがれにはほど遠い……。それでも朝の食卓は家族の健康の基本。眠い目をこすり、知恵をしぼって、みんながおいしく食べられる朝食を作っていこう！（と、自分を励ます）

今日はチーズトーストだよ――っ
わーいっ
パン派
たまごかけご飯～～
みそ汁～～
ハイハイ
ごはん派
チーちゃんやっぱりこれためる
うっうらぎりものっ
やっぱりパンためる
フーちゃんジャムがよかった
いいかげんにしろっ!!
ワガママとびかう朝の食卓
はぐはぐ
チーの残したパン
しょうがないな～もぅ

夏のいちおしレジャーは
赤ちゃん連れでも楽しめるバーベキュー。
でもなぜか失敗ばかり……

夏と冬だったら、私は断然夏がいい。寒さに弱いというのもあるけど、キラキラ光る思い出の背景には、いつも夏の太陽が輝いている気がするから。

そんなわが家いちおしの夏のレジャーはバーベキュー！

毎年必ず行くようになったのは、7年くらい前のこと。まだフーちゃんが赤ちゃんで、泣いても騒いでも暴れても、大らかに受け止めてくれる大自然を求めて、車を走らせて川原に向かったものです。

川原は夏でも涼しいし、マイナスイオンもたっぷり。同じソーセージでも、外で食べるとどうしてあんなにおいしいの!? 味つけに失敗しても、味がなくても、どうして気にならないの!?（って、気になりますけどね）

お肉を焼いている間、川遊びをしている子どもたちの目はそりゃもうキラキラです。見たこともないような生き物をつかまえたり、おもしろい形の石を集めたり、遊びはどんどん広がっていく。

普段はあまり見ることのできない子どもたちの意外なたくましさに目を細めながら、父と母はシメの焼きそばをすするのでした。

川まで行けないときには、バーベキュー可の公園で手軽にお外ランチを楽しんだりもします。

これからはさらなるレベルアップをめざし、キャンプをきわめていきたい！ともくろみ中。まだまだ奥が深いアウトドア。この夏もいろんな発見がありそうです。

バーベキュー初心者の頃は忘れ物が多かった。
チャッカマン忘れたっ!!
えーっ
どーすんじゃい
慣れてきた頃は
炭よーし
新聞紙よーし
チャッカマンよーし
しっかりチェック
炭
しかし
炭….
しけってるね
うん…
プスー
一番最近のミスは….
今日はバッチリ
やきそば
やきそばーっ
ジュー
ジュー
調味料一式忘れた。
味しないけど….
外で食べるとおいしいよね
あはは…
あはは…
ズズ…
ズズ…
失敗しても笑いとばせるのがアウトドアのいいところ?!
今年は忘れ物ゼロをめざしてがんばります!!

寝ているうちにスリム美人に!?
“岩盤浴”でリフレッシュ
きれいなママをめざせ！

デトックス！　うーん、なんていい響き。この言葉が世に出始めたころは、言葉の意味すらわかっていませんでした。まあ、今でもあんましよくわかってないけど、簡単に言ってしまえば「デトックス＝やせる」ってことなわけよね？（調べるのがめんどくさいので短絡的）で、そのデトックスにもいろいろあるみたいなんだけど、私のお気に入りは岩盤浴！あたためた天然石の上に寝転がっているだけで、あ～ら不思議、体じゅうの毒が汗とともに流れていくのだそう。なんてラクちん。実際、短時間なのに「これ、ほんとに私から出たのか!?」って思うくらいの汗が出るんですよ。

ただ、体をあたためている間は毎度爆睡してしまう私。暑すぎず、寒くもなく、おだやかな音楽が流れる中で横になって、眠るなというほうがムリでしょう。途中で休憩をはさんで1時間。ただ寝転がっていただけなのに、終わったときには心も体もピッカピカ（になった気がする）。毒も排出され、新陳代謝は急上昇（のはずだー！）。

もっと定期的に通えれば、健康的にやせられることは間違いないだろうと思います。思い込みでデトックス&リフレッシュ！（笑）なかなか通う時間がつくれないのが厳しい現実ですが、これからもスキを見つけて毒を出さなくちゃ。

岩盤浴は
あおむけ5分、
うつぶせ10分、
クールダウン5分
…などの方法が一般的。
で、ちゃんとバイブ機能のついたタイマーをかしてくれるので…
寝てもいいように手の下において…
そして10分経過
かー
かー
ブブブブ
かー
かー
かー
かー
ブブブブ
全く気づかず
かー
かー
ブブブブ
滝汗とともに起きた時には20分近く経過。
あっ…あぶね～
あせって別の汗も出た(笑)。
寝不足の時は気をつけねば～と思いつつ
やっぱり毎回きもちよーく爆睡してしまう私でした。
ぐー
ぐー
ぐー
z
z

「馬好き遺伝子」があるのか？
秋だって家族みんなで競馬場に通っちゃうぞ！

しつこいようですが、わが家はみーんな馬が好き！お馬さんって、時にはかわいく時にはかっこよく、見ていて飽きないんだなー、これが。うちの娘たちも馬が大好き。近所の犬は「大きくて怖い」とビビるくせに、それよりさらにでっかいポニーは「小さくてかわいい！」とへっちゃら。やっぱり馬というのはおだやかで、どこか人間に近いものがあるのかもしれないなぁなんて思っちゃいます。

この夏に行った北海道旅行では、広い広い牧場を自由に走り回るお馬さんに会うことができました。家族みんな感動。馬に対する愛情というか、思い入れがさらに深くなったような……（これ以上好きになる必要ない!?）

さてさて、ぷりっつ家がヒマさえあれば通っている競馬場。ファミリーでのおでかけにおすすめ！というお話は以前にもしたのですが、実はお馬さんとふれあえる、というのも競馬場ならではのおすすめポイントです。かわいいミニチュアポニーに会えたり、本物の馬が引く馬車に乗れたり、もちろん乗馬もできちゃう。パドックに行けば、サラブレッドの美しい馬体が見られてうっとり……（してるのは親だけか）。自分よりも何倍も大きなお馬さんを間近で見られるので、子どもたちはいつも大興奮です。

この秋も、もちろん出動準備はオッケー！（笑）　紅葉の美しいこの季節、みなさんもよかったら美しいお馬さんを見てみませんか？

私たちは馬大好き夫婦。
かっこいい〜〜〜っ!!
その影響か(?!)子どもたちもお馬さん大好き。
よく行く公園にはポニーがいるので必ず乗ります。
ぱっか
ぱっか
この夏、旅先の北海道でみた牧場の馬さんたちにはとっても感動してました。
お馬さんの中でも特に好きなのは東京競馬場にいるミニチュアポニーだそうです。
大型犬くらいの大きさでとってもかわいー。
競馬場ではいろんな馬に会えてみんな大満足。
大きい!
チーちゃんあれにのる
ムリムリ
将来乗馬を習いたいとか言いだしたらどうしよっ
うーん ブリティッシュ!!
公園のポニーでがまんしてもらおう

幼稚園のいも掘りシーズン到来。
おかずに、おやつに食卓はおいもオンパレード!

秋といえばおいも掘り! 幼稚園や保育園の行事には、たいていありますよね。子どもたちは、服や顔を真っ黒にして一生懸命おいもを掘って、その収穫を袋に詰め込んで引きずるように帰ってくるのです。その得意げな顔を見ると「よし、おいしいものを作ってあげよう」って気持ちになります。でも、けっこうたくさん持って帰ってくるんです……。うれしいよ。うれしいんだけど、ちょっと多くない?

しかも幼稚園(スー)と保育園(チー)がほぼ同時。わが家はいっきにいも畑?


これらをなんとかするために、料理しますよ、しますとも。

いちばんよく作るのがスイートポテト。自分が大好きなんです。まぁ、毎回いもを裏ごしするあたりで後悔するんですけどね、やらなきゃよかったって(笑)。でも、めんどくさいぶん、子どもたちは喜んで食べてくれるのです。「これはスーが掘ったおいもだよ~」なんて教えてあげると、ますます喜んじゃったりして。

それでも、まだまだなくならない。


大学いもにし、天ぷらにし、みそ汁に入れ、シチューに入れ、夫に「毎食どこかにいもが入ってるなぁ」と苦しそうな顔をされつつ、なんとか消費。ホッとしたのもつかの間、半年後の春には「じゃがいも掘り」のシーズンがやってきます。

この時季も大変なんだった!

新しいおいもレシピ、探さなくちゃね。

次女がサツマイモ掘りの日ーー
とってきたーっ
わーーすごーいいっぱいー!!
おいしそーー
はっ
・・・
しまった・・・・・
実家からもらったサツマイモ
バカね…あたし幼稚園のイモ掘りをすっかり忘れてイモを補充していたなんて……
イモ
イモ
イモ〜〜
と…とにかく料理するしかないっ!!!
ということでまず基本のふかしいも。ちょっと面倒だけど大学イモやスイートポテト。りんごと一緒に煮てもおやつにグッド。
あとはみそ汁やシチューに入れたりします。
今日もサツマイモ……
つべこべ言うな
こうしてイモを使いきった時のあの達成感はたまらないのです。
やった…やったわーーっ
数日後
おいもためるー
保育園でイモ掘り
イモフィーバーは止まらない

3人いっしょの七五三。3姉妹にはファッションショー？親はやっぱり感動ですね

この秋、3姉妹の年齢は3才、5才、7才。そう、そのものズバリの七五三！ このチャンスを逃すものかと、3人いっしょに着物を着せてしまいました。さすがに着物姿が3人並ぶと目がチカチカしましたが（笑）。

わが家の七五三で毎回悩むのが、髪の毛問題。3人そろって見事に薄毛ちゃんなので、2才の段階では髪の毛が足りない（爆）。まわりのお友だちが数え年でお祝いしている中、うちは3人とも髪の毛を理由に1年持ち越し。それでもほとんど髪が伸びず、「チーの髪の毛が間に合うのか!?」でハラハラドキドキ。

結局、無理やりウイッグをはりつけて事なきを得（たのか？）ましたが、次の試練は写真館。3人そろっていい写真を撮るのはホントひと苦労ですね～。ひとりが笑えばひとりは横向く。みんな笑ったと思うとだれかの足が思いっきりガニ股。そのうち、三女の薄毛も汗でくたびれてさらにぺったんこになってきたので、適当なところで撮影終了。親はぐったり。子どもたちはファッションショーに大満足。

できあがった写真の中ですまし顔の子どもたちを見て、「ついこないだまで赤ちゃんだったのになあ……」なんてしみじみ。子どもの成長ってほんと早い。この喜びと「これからも元気にすくすく育ってほしい」という願いをいっぱいこめて、七五三の写真をずっと大切にしていきたいと思う私でした。

七五三は…
3人そろって着物を着て写真撮影!!
うす毛に無理矢理ウイッグ
長女
顔はなりきってるけど…
ものっすごいガニ股
演歌歌手か!!
どーーん
足!! 足!!
っっ
次女
まだー?
はなほじるな!!
三女
足いたいもうこれいらない
そこをなんとかあと3分!!
ペニ
ペニ
っっ
かわいく撮れた写真の裏には様々な苦労があるのだった。
すずしい顔しちゃってまったく…

ピアノ発表会で親子連弾を披露!

やっぱり習い事は楽しいことがいちばんだよね

うちの長女は、年中さんのときからピアノを習っています。始めたきっかけは、まわりのお友だちが習い始めて「フーちゃんもやってみるー?」「うん」みたいな感じ。3年目に突入した今でも、「あんまり練習は好きじゃないけど、やめるのはイヤー」みたいな、なんとなく続けている感は否めない。それでも、弾けなかったところが弾けるようになるとうれしいみたい。少しずつでもピアノの楽しさを知ってくれたらいいな。

私は、幼稚園の先生だったくせにピアノを習ったことがないんです。でも小さいころからピアノがすごく好きで、中学生のときの合唱コンクールでピアノ伴奏に立候補したほど!(なんてずうずうしい)

ずっとでたらめな指づかいで弾いていたので、短大の授業でピアノを習ったときには苦労しました。それでも卒業の最低条件であるピアノの単位がゲットできたのは、やっぱり好きだったから。今でも、時間さえあればピアノを習ってみたい! と本気で思っています。

もうすぐ、長女の3回目の発表会。長女は、ピアノを弾くことよりもステキなドレスが着られること(だけ)が楽しみみたいですが……。

そして発表会には「連弾の部」もある。去年は私も長女といっしょに舞台でピアノを弾いちゃいました。いっしょに練習するのも楽しいし、上手に弾けたときの喜びは2倍!

今年も連弾やってきます! 長女に負けないようなドレス、着ちゃおうかな(笑)。

去年の発表会
「お母さんと「ビビディバビディブー」をひきます!!」
練習ではうまく弾けていたのに……
あれ
あー
最後のキメの音も……
じゃああん
ソデで先生もウケてる
あははは
さらに
もう！お母さんのせいだよ!!
なっなんでよ!!
舞台の上での長女のセリフに会場大ウケ
どっ
今年は脱・お笑い路線よーっ!!!
めざせステキな母娘
ホホ
ホホホ
おー

早くこいこい！　ステキなお正月。
大みそかも元日も
ごちそう三昧、
でもその先にあるものは……

もういくつ寝るとお正月♪……なんて、実際はくそ忙しい師走に、そんな歌をノンキに歌っているヒマもないわけですが。

さて。私が子どものころは、お正月といえば毎年両親の実家、青森で過ごしていました。あちらでは、親戚一同が集まるのって大みそかなんですよね。大みそかにごちそうを食べて、お年玉もらって、年明けは何もしないでゆっくり休む。それがあたりまえと思っていたので、結婚して初めて、お正月をダンナの実家で過ごしたときには「元日にもごちそうをいただけるとは！」とびっくりしたのを覚えています。

もちろん、私の両親は東京に住むようになってもお祝いをするのは大みそか。家族総出で集まって、ガッツリごちそうをいただきます。その夜は、年越しそばを食べまして、元日にはダンナの実家で朝から晩まで食べ続ける（笑）。どちらの家も、「これでもか！」ってくらいごちそうを並べてくる。この2日間だけで、おそらく1週間分くらいのカロリーが蓄えられているのではなかろうか。

そして残りのお休みは、たっぷり作っておいた雑煮やカレーでラクをして過ごすのがいつものパターン（1週間分蓄えといてまだ食うか）。太るのはわかっていても正月バンザイ！

今年は、このステキな2DAYSを迎える前にちょっとダイエットでもしとこかな!?

大みそかは母の実家でごちそう！
お年玉だぞーー
わ〜い うま〜〜い
すし
オードブル
かに
元日は父の実家でごちそう！
夜はすきやきだぜっ
お〜ちゃん特製角煮
さしみ
おせち
ど〜も すみませ〜〜ん
あとはたっぷり作っておいた雑煮やカレーで手ぬき正月。
晩ごはん作らなくてもい〜もんね〜
正月サイコー
ゴロ
ゴロ
こうなることはわかっていても
お母さん太ったね
覚悟のうちよ
ホホホ
早くこいこいお正月

ひなまつりは特別な日。
少しだけおしゃれをして記念写真。
何才までこうして撮れるのかな？

もうすぐひなまつり。うちは女の子3人だから、お祝いのしがいがあるというものです。といっても、わが家のひな人形はタンスの上にも置けちゃう親王飾り。「いつかはどーんと七段飾りを置きたいなぁ」なんて夢をひそかにふくらませている母ですが、「どこに置き場所があるんだ？」というダンナのひと言でアッサリ夢がしぼむのが現実。でもさー、ひな人形ってキレイじゃない？見てるだけでワクワクしない？

小さな娘たちだって、みんなしてうっとり。まだ言葉もロクに話せないときから「ステキね」なんて言いながら眺めてました。最初は「人形が怖くないかな？」と思ったりもしたけど、子どもにだって美しいものはよくわかるのです。

興味があるぶん、すぐにさわりたがるのが悩みの種。小さいころは、さわられては直し、くずされては整え……の繰り返し。今年になってようやく三女にも「見るだけね」が伝わったみたいです。

そして当日は、毎年ちらしずしとケーキを食べてお祝いします。最後にタンスの上の人形をテーブルに下ろして、その前に3姉妹を並べて写真を撮るのです。5年前は長女だけだったひなまつりの写真。去年の写真には、大笑いしている3人の顔が写っています。

子どもの成長を実感して、ちょっとじーんとしちゃったりする……、私にとってひなまつりは、そんな感慨深い1日でもあるのです。

※このマンガは2007年春の作品です。

思い出たっぷりの子どもたちの作品。宝物ではあるけれど……年度末、いったいどうする!?

年度末が近づくと、新学期の準備で頭がいっぱいになってしまいます。でも、忘れちゃならないのが1年間の思い出総決算。うちは学校・幼稚園・保育園のそれぞれでもらってくる手紙や作品の数がすごい。なんたって1年×3人分（1年間ためてる自分が悪いんだけど）。で、いざ整理を始めてみると、この思い出たちがなかなか手ごわいのです!!

担任の先生が作ったクラスだより、長女のテストの答案、連絡ノート……、ついつい読みふけってはゴミ袋へと運ぼうとする手が止まっている自分。ほんの小さな紙切れでも、「こんなこと書いてたんだなあ」とか「何年かあとに見たら笑えるだろうなあ」なんて考えちゃってなかなか捨てられない。

さらに強敵なのが、子どもたちが作った作品。どう見てもゴミにしか見えないものもあるけど、「どうやって作ったのかな?」なんて想像すると、そのゴミのようなものがだんだん輝いてくるのです。まあ不思議（笑）。

とはいえ、わが家の収納スペースにも限界がある。いや、そもそも飽和状態。なので、とっておけない子どもの作品はビデオに録画しています。撮影するとき、作った本人に作品の解説なんかをしてもらえば、あとから観たとき楽しめるしね。

なーんて書きながら、実は今年度の思い出総決算はまだ終わってませーん（泣）。がんばろっと。

例え こんな
一見なんだかわからない
作品でも
(チー作・どんぐり)
親にとっては
世界にひとつの宝物……
(ってそれは大げさか・笑)
ピカーー！
おお……
なんと
神々しい
……
しかし年度末
になるとーー……
わが家は
この宝物で
足のふみ場を
なくす。
これつくったーー
みてー
ひー
たぶん他人から
みたら ゴミの山……
でも
すてられない
うう……
子どもの作品
そんな時は
やっぱり……
デジタル保存!!
それはどうやって
作ったのーー？
ダンボールを切って～
ボンドではって～
子どもに作品の
解説をしてもらったり
作った感想を
言ってもらうと、思い出が
さらに濃～く
残ります!!
でも現在
保存 さぼり中…
やばいっ
2007年分
どんどん
増えてく
……っっ

おまけの4コマ劇場❶

あのころハマっていたものは……？

チューブ入りのバター

チューブ入りのバターはとっても簡単で子どもたちもお気に入り!!
ちーちゃんもー ちーちゃんも
みて～ハート
ちーちゃんもー
……
スタター
タター
お待ち!!
ハミがき

プラチナ入りの化粧品

この化粧水さいこーープラチナばんざーーい
ヒャッホー
なんでそんなのつけてんのー
コレをつけるとお母さんがどんどんキレイになるのよ!!
どうよこのプラチナ肌!!
ふん ふん
顔かわってないよ
髪ぼっさんぼっさんだし
肌だよ肌!!
悪かったな顔変わんなくて

子どもの肌にもやさしい柔軟剤

フルハイビジョン対応のデジタルビデオカメラ

うちの3姉妹 News 2007年度

キタキターー(ﾟ∀ﾟ)ーー『うちの3姉妹』空前絶後(?)の大ブレイク!

これはまさにミラクル!? インターネットブログで細々とかき続けていた子育て日記が、2006年に単行本化されるや一躍ベストセラーに。ネットで、クチコミで3姉妹の人気がひろがるなか、07年には新刊が続々発売され、いつしか本屋さんにズラリと平積みされる定番人気マンガへとブレイクしていきました。

さらに11月、なんとあのマイクロソフト社が「Windows Vista」キャンペーンにフー・スー・チーを起用。キャンペーンガールデビューまでしちゃいました。そして「話がデカすぎてリアリティがない」(ぷりっつ談)と言わしめた『うちの3姉妹』テレビアニメ化が決定したのも07年度のこと。まさに坂道を駆け上がるようにメジャーになった1年だったといえましょう。

2006年4月

発売とともに話題沸騰

最初の単行本が出版されたのは06年。この3人に魅了されたたくさんの人たちが、さまざまな形で3姉妹人気を盛り上げたのです！

2007年には3冊

5巻までが続々発売！

新刊が出たあとのサイン会にはたくさんのファンが長蛇の列に！ 主婦だけでなく、若いＯＬやチビっ子たちのファンが多いことも驚きでした。

2007年3月

『主婦の友』にてマンガエッセイがスタート

雑誌『主婦の友』で、マンガエッセイ『ぷりっつ家は今日もごきげん』がスタート。新たなファン層を獲得しました。

みんな何枚もってる？ オリジナルポストカード&しおり

初版限定のオリジナルしおりや、ネット書店の、Amazonや楽天ブックスなどの予約特典の絵はがきなど、うち3ファンには、毎回大人気です！写真は、2007年のもの。ファンからは、「かわいすぎて使うのがもったいないです！」というううれしい声が!!

Part 2

2008年4月～ 2009年3月

スーちゃん
年長

フーちゃん
小3

チーちゃん
年少

あの〝まんま小僧〟が幼稚園に！
「いつまでも赤ちゃん」のはずはなかったのだ〜

この春、めでたく三女・チーが幼稚園に入園しました！

あの「まんま小僧」だったチーが……

泣けばいいと思ってる甘ったれチーが……

幼稚園になんて通えるのか!?……と、親はいまだに信じられない気持ちなんです。末っ子って、どうしても「いつまでも赤ちゃん」ってイメージなんですよ。それは、親の「いつまでも大きくならなければいいのに〜」っていう願望が強いせいかも!?

だからついつい「バスに乗れる!?」「先生の話聞ける!?」「イスに座ってられる!?」「友だちと遊べる!?」って不安になってしまう。でも、実は末っ子がいちばんしっかり者だったりするんですよね。やっぱり姉たちを見ているからなのかなあ〜。

それに、チーは2年間保育園に通っていたわけだから、集団生活のベテラン選手(?)でもあるわけです。

親のイメージだけで勝手に心配をつのらせてしまうのは、チーに失礼かもしれない。「チーちゃん行けるよ！」という、自信と希望でいっぱいの輝いた目を信じて、どーんと背中を押してあげないとね！

小学3年生と年長さんに進級した2人のお姉ちゃんたちといっしょに、これから楽しいこといーーっぱい経験してほしいなって思います。

ついこの前まで
まんまー
こんなだったチーが…
とうとうこの春
幼稚園に入園!!
末っ子って…
なんかも～いつまでも赤ちゃん扱いしちゃうから
お～よちよち
親はいまだにこんな
チーが入園?!
先生のいうことわかるのか?!
並べるのか?!
返事できるのか?!
まだ赤ちゃんじゃなかった?!
オタ
オタ
オタ
オタ
しかし
チーちゃんべちゅに(別に)ひとりでいける
きっぱり
そう…末っ子は親が思っている以上にしっかりしているものだ。
スーいくよー!っ
これからわが家は小学三年生＋《プラス》幼稚園児が二人!! ますます楽しいことが増える…カナ?!

チーちゃんの幼稚園弁当いよいよスタート！
やっぱりキャラ弁必要ですか？

パソコンで「キャラ弁」と検索してみました。いやいや、ものすごい数のページがヒット。しかも、どれもこれもすごく凝ってて、かわいいのなんの。これ、マジで普通に朝起きて作ってる？

そんなママたちを助けるお弁当作りのグッズもいっぱい。いろんな形のおにぎりメーカーや、型抜き、のりパンチなんてのもあって、見ているだけでワクワクしちゃう。

そのかわいさに負けて、ついつい買っちゃいました、お弁当グッズ。なのに、ダンナの弁当、家族の朝ごはん、子どもを送り出す準備だけで朝のわずかな時間はあっという間に過ぎてしまい、まったく使いこなすヒマがないのが悲しい現実。本当に「見てるだけ」になっちゃった、とほほ。

でも、たとえばウインナをちょっとお花の形にしただけで「かわいかった！」って喜ぶ子どもたち。その顔を見ていると、もっともっとニッコリさせたい！って思っちゃいます。

気がつけば、スーは幼稚園最後の年。お弁当ライフも残り1年です。そしてチーは新たなお弁当生活の始まり！

棚の中で出番を待っているお弁当グッズたちも、いよいよ活躍のときがやってきたかもしれないぞ!?

あとちょっぴり早起きして、子どものニッコリをもっと増やしたい。それがこの春のひそかな目標です。

お弁当をあけた時の子どもの顔を想像すると…ちょっとでもかわいいお弁当にしたくなるのが親心。
保育園にて
うわーーーっ
幼稚園にて
次女の幼稚園生活もあと一年。そしてこの春からは三女も幼稚園に入園♡
よ～し 今年はめっちゃカワイイ弁当を作るぞーーっ
うっふっふ～～～
…ってなわけでいろんなお弁当グッズを買ってみたけど
おにぎりメーカー
型ぬき
のりパンチ
朝は忙しくてなかなか使えない…。
キッチンのすみで開封されないままおきっぱなし
みえないみえない
いつも通りのつまらない弁当
とりあえずはグッズを使わなくてもできる小技でちょっぴり飾ってます。
ハートの卵やき
お花のウインナー
お顔のうずら
それだけでも喜んでくれる二人。
ハートの卵かわいかったー
またやって
うーん この笑顔がたまらんのです♡
あと少し早起きしてさらに喜んでもらえる弁当を作りたい♡と野心(?)にもえる私でした。
キャラ弁
オマケ
ねえ…ハートの卵やきはずかしいんだけど…
いいじゃん
とばっちり

「お料理だーい好き！」な3姉妹。まだまだ危なっかしいけれど
いつかきっと頼れる助手になるはず!?

子どもって、料理のお手伝いが大好きですよね～。

うちの長女と次女も、私がキッチンに立つと「今日はやることないの!?」って毎日のように聞いてきます。

でも、まだまだ何をするにも危なっかしい2人。

つきっきりで手とり足とり教えてあげなくちゃいけないから、晩ごはんの支度もいつもの倍くらいかかっちゃう。

じゃがいもの皮むきなんて、終わるころにはいもの色が変わっているしね。

野菜を切るときも、わざわざ切りやすい形に切ってから切らせたりするからね……すごい二度手間なの。

思わず「黙って遊んでてくれたほうが、立派なお手伝いじゃない!?」なんて言いたくなるのもしかたがない（笑）。なので、お手伝いは時間に余裕があるときだけになっちゃいます。

それでも最近では少しずつクッキング姿もサマになってきた娘たち。

やっぱり女の子だし、みんながお料理好きになってくれたらうれしいな。

そして何年か後には、娘たちがわが家のシェフとなり豪華なディナーを作ってくれたらいいなぁ……って
これは期待しすぎだけど、

「今日は私たちがやるからお母さんは休んでて！」

なーんて言ってもらえる日も、近いかもしれない!?

そんな未来を夢見つつ、今日も二度手間につきあう母なのでした。

子どもとキッチン❤
ママにとってはちょっとあこがれの光景❤
フーちゃんはにんじんせん切りね。
スーはドレッシングまぜてね
うふふ
うふふ
現実
ぎゃん
ぎゃん
スーも早くやりたーい
待っててかってにさわらないで
フーちゃん親指!! あぶないっ よくみて!!!
それでも最近は少しずつサマになってきた二人……
うむ
うむ
皮むき→
みそ汁→
でもさすがに
チーちゃんもーーっっ!!
ぐるる
この人はキッチンには立たせられないので
コロッケを丸めたりギョウザをつつむ時にちょっとお手伝いしてもらってます。
…ま、全然できてないんですけどね。
チー作ギョウザ
もっと修業させねば!!

3姉妹は泳ぐのがお好き?

自称「札幌のトビウオ」な母をめざして

ガンガン泳いでください!

夏といえば、やっぱりプール!
小学校や幼稚園でも、梅雨の終わりから早々にプールの授業が始まり、うちの子たちも大喜び……なんですが、喜んでいるわりには、だれも泳げないんだなー、これが。

かつて「札幌のトビウオ」と呼ばれた私(え!? だれも呼んでない?-)の娘たちとは思えません!

でも今年はきっと違います。そう、スーとチーが幼稚園のプールで水泳を習うことになったのです! やったー! 母にとっては「幼稚園で」ってとこが重要。保育時間が終わったあとに教えてくれるので、送り迎えの必要ナシ。スイミングスクールに通ったら、送り迎えはもちろん、終わるまでずーっと待ってなくちゃいけないのでめんどくさいのだ。

まだ数えるほどしかやっていないけれど、「今日は顔をつけられたよ」とか、「今日はばしゃばしゃって進んだよ」なんて、本日のレベルアップ報告をしてくれるので、とっても頼もしい。子どもってすごいなぁ。

そんな妹たちを見て「私も習いたいのに!」とご立腹な長女。まぁまぁ、あせらなくても大丈夫。フーちゃんにはこのトビウオさまが直々にレッスンしてあげるから♪ 泳げるようになったら、きっと夏のレジャーの楽しさも2倍。みんなでトビウオめざしてがんばろーね!

最近
スイミングを
習いはじめた
スーとチー
チー
スー
イエーーーイ
スー お水に
顔つけられる
ようになったよ〜〜
もう泳げる!!
くっくっく
気が早いな
チーは
もともと
あまり水を
こわがらない
ので
きゃう
きゃう
毎回
大はしゃぎだそうな
スーは
泳げるよ
お姉ちゃん
は？
だから
まだだって!!
くっ
時間の都合上
スイミングに通えず
にいる長女
練習だ!!!
どってん
ばってん
水の中で
やろうよ
夏のレジャー
をめいっぱい
楽しむためにも
みんなで
がんばろー!!

ぷりっつ家の新しいペット
その名は「アリ」。生きもの観察がブームになりそう

近ごろ、わが家は観察ブーム。まず、次女が種から育てた「おじぎそう」。最初は上手に芽が出なかったので、2度目にやっと芽が出たときには家じゅうに歓声が(笑)。その後も順調に育ち、子どもたちにふれられるたびにかわいくおじぎ。うう、けなげ。

そして今、家族が夢中になっているのが「アリ」。長女がなんとなくつかまえたアリが、なんとクロオオアリの女王だったのです。女王アリをつかまえるなんて、よほどタイミングがよくないと難しいらしい。その後、女王アリはすぐに卵を産み始めました。だいたい1日に1個の卵を産んで、それを積み重ねるようにそばに置き、じーっと大事に見守ってる女王アリ。アリの卵を実際に見たのは私もダンナも初めて。親のほうが感動！(笑)

「これは夏休みの自由研究にいいなあ！」なんて思ったのですが、飼い方は難しいみたい。羽化した幼虫を女王アリが食べてしまうこともあるらしいのでエサも入れてあげないといけないし、温度や湿度にも気をつけなくちゃ。それにアリは、危険を感じると蟻酸を出して自分が弱ってしまうこともある。けっこう扱いに気をつかうんですよ。

なんとか無事に赤ちゃんアリが生まれるようにと、親のほうが真剣に「アリの飼い方」を研究中。 いくつになっても、小さな発見に驚いたり喜んだりできるのは、幸せですね。

アリの観察をしようと、長女がつかまえてきたのは…
アリつかまえたーーっ
でかーーっっ!!!
体長2センチくらいの巨大なアリ。
こんなんアリ?!!
なんって→
図鑑で調べてみると…なんと女王アリであることが判明!!
女王アリだってー
まじー?!!
ふつーつかまえられないよねっ
そして…
たまご産んでるーーっ!!
初めてみたっ!!
感動!!
チーもみるー
ガッ
おろろっっ
大事に大事に!!!
最終的には親の方が夢中。
たまごは別容器にうつした方がいいみたい
なるほど
生きものや植物の観察って、ためになるし楽しいですね!!

いよいよ幼稚園の運動会！
感激の涙でビデオが撮れなかったらどうしましょう

自分が小学生だったときの運動会の思い出は、なぜかとっても鮮明なのです。よみがえる記憶の空はいつもきれいな青。ちょっと涼しい朝の空気の中で、運動会決行の花火の合図が「ドン、ドン」と響き渡る。リレーの選手になれたわけでもなく、たいして運動が得意だったわけでもないのに、あんなにワクワクしたのはなぜだろう。それはきっと、家族が応援してくれることや、みんなで食べる豪華なお弁当が、本当にうれしかったから。

いま自分が運動会弁当を作る立場になってみると、思うことはただひとつ「大変」。そして「めんどうくさい」。さらに「早起きがつらい」。そんでもって……あぁ、キリがない（笑）。

でもなぜか、前日の買い物のときから、「どんなお弁当にしようかな！」ってはりきっちゃう私。やっぱり子どもたちに喜んでもらいたい！って気持ちがいちばん強いんだよね。

そう、自分が毎年運動会を楽しみにしていたように。

今年の幼稚園の運動会は、スーとチーの2人が年長と年少で登場するので見どころ満載！　チーにとっては初めての運動会。たぶん、最初の準備運動を見ただけで、われわれ夫婦は感動しちゃうと思います（笑）。さらにスーは、幼稚園最後の運動会。組体操なんてやられた日にゃ、涙で何も見えなくなるかも。　ビデオとカメラをしっかりかまえて、数々の名シーンを撮らなくちゃね！

今年の幼稚園の運動会は
2人の参加で
楽しさも
2倍!!
年長
年少
みてみて
こうやって組体操やるの
ビシッ
おお!!
鼓笛もやるの
スーは小太鼓
タンタタタン
想像するだけで泣けるっ
く〜〜っ
ビデオちゃんととれるかなっ
チーちゃんはねーっ
こーやって
こーやって
こーやるの
なにそれ。
ブッ
そしてこう!
パンパン
ピッ
盆おどりか…?
こっちは笑いでビデオがぶれないようにしなくては。
プクク
当日が晴れてくれれば文句なし。
楽しい一日になりますように。

「映画っていいよねー」
ついに3姉妹、映画館デビュー！
でも「何を観るか」が問題です

子どもが生まれてからはなかなか行けなくなってしまった映画館。独身時代は新作映画のCMを見るたび映画館に駆け込んでいた私たちにとって、「DVDが出るまで待とう……」というレンタル頼みの日々は正直さみしいものがありました。

長女が「そろそろ映画館に行けるかな？」という年齢になっても「下の子がいるから無理」。ようやく次女が映画館に行けそうになっても、「チーは無理だよね……」って感じで、耐え忍びながら時は流れていきました（←え？　大げさ？）。

そしてとうとう去年、念願の家族での映画デビューを果たしたのです！

みんなで選んだ映画は『レミーのおいしいレストラン』。当時3才の三女にはまだ早いかなー？と思ったけど、大きい音にも暗闇にもビビることなく、最後までけらけら笑って観てました。初めて家族そろって観た映画、私は一生忘れないだろうなあ〜。

そしてこの夏は、『崖の上のポニョ』を観た3姉妹。「映画って楽しいよね〜」なんて、すっかり味をしめてしまいました。

しかし、次に観たいのは『プリキュア』！　とうとう父がひと言「え!?オレも行かなきゃだめ!?:」。そう、映画館に行けるようになったって、私たちと同じ映画で楽しめるのはまだまだ先。遠い夢を見ながら、しばらくは子どもアニメにおつきあいしていくしかなさそうです。アンジェリーナ・ジョリーの映画予告は見なかったことにしよう。そうしよう。

初めての子連れ映画…
ポップコーンとー
子どもたちのために、とついつい買いこんだ私。
アイスとー
チュロスとー
オレンジジュース！
みんなで食べながらみよーねーっ
わーいっぱいーー
そして映画が始まり…
わくわく
ポップコーン食べるんーなんか飲むー？アイスもあるよー
ひそひそ
……
真剣！
ゆえにガン無視。
山ほど買いこんだお菓子とジュース… ほとんど一人で食べました。
ふ…太る…
もり
もり

冬の鍋料理はわが家の救世主！

簡単、あったか、野菜もりもり。

ただいま鍋ブーム真っ最中

春はあけぼの……冬は鍋。つーわけで、鍋はいい。何がいいかって、材料を切るだけなのがいい。鍋料理を考えた人には何か賞をあげるべきだと思うよ、うん。

私たち夫婦も、食料品の買い出しのたびにワクワクしてしまうくらい鍋が好き。とくにキムチ鍋。みそ入れてニラ入れて……ああ、もうたまらん。でも、キムチは辛いから子どもには無理。さらに残念なことに、鍋料理自体子どものウケが悪い。うどんやおもちを入れたり、鶏肉だんごを作って入れたり、子どもが喜ぶような工夫をしてもヒットせず。だから、去年まではあまり食卓にのぼりませんでした。

しかし！　どうしたことか今年の冬にとうとう鍋が大ブレイク。普段は野菜嫌いのスーが「おいしいー」と言ってガツガツと鍋に入った野菜を食べているではないかー！　ブーム到来！　万歳!!

子どもたちはとくに塩味系が好きで、中に入れるものはワンタンがお気に入り。シャキシャキのもやしや水菜も大好評。シメにはうどんや雑炊、スープによっては中華めんを入れて鍋ラーメンにしたり……。今度は何を入れようか？とワイワイ相談するのもまた楽し。

この前は長女が、「かまくら作って、その中で鍋食べたい」なんて言ってました。いいね～、夢がふくらむねえ～！　いろんな味を、いろんなシチュエーションで楽しみたい！　わが家の鍋への飽くなき挑戦は始まったばかり（笑）。

今日の晩ごはんなにーー？
鍋だよ
ガーーン
なべ？!!
最初は衝撃をうけていた子どもたちですが…
今ではすっかり鍋のとりこ。
おいしそーーっ
ぐっ
ぐっ
チーはしめじ大好き。
もっときのこーー
ハイハイ
しめじばっかし!!
野菜嫌いの次女がなんでも食べてくれるのも嬉しい!! スープや具を変えていろいろ楽しもうね!!
おいしーっ
パクパクパク
オマケ
あれ入れてみたら？
えーーとキャラメル!!
はあ？!!
あー違った。
えーと…。
あ、マシュマロ!!
訂正してもそれか!!
やみなべじゃねんだから!!

寒〜い冬はこたつで編み物でしょ？
ラブラブ時代を思い出し母のテクニックを伝授します

冷え性の私は冬が苦手。でも、こたつに入ってみかん食べてうたた寝…なんて冬のだいご味も悪くない。基本的にひきこもり体質なので、ずっとこたつから出られなくたってかまわない。むしろそうしたい。ゲームにDVDにマンガ本、たっぷり抱え込んで、春までここにもぐっていられたらどんなに幸せか！……というあきれた願望はさておき、冬&こたつときたら、私がやりたくなるのは実は編み物。めんどくさがりの適当人間である私がなぜ……と自分でも不思議ですけど。

若いころから、冬が来るたびに彼（現ダンナ）にセーターを編んでいた私。かれこれ6〜7着は編み上げたかな。アランセーターにカウチンセーター、なんでもござれ。ま、そのセーターたちも今となっては圧縮袋に入れられて押入れの奥ですが（笑）。いいんです、それでも。編み物なんて、ほとんど自己満足の世界。1本の毛糸から、ひとつ、またひとつと編み目が増えて形になっていく、そのプロセスがたまらなく楽しいんです！

ここ数年は忙しく、毛糸にさわることすらなかったのですが、先日、長女が突然「編み物教えて！」と言ってきてびっくり。メリヤス編みを教えたらすぐに覚えて、たどたどしくも2本の針を動かす長女。そのうち圧縮袋の輝かしい思い出たちをばーんと出して、自慢してやろーかしら（笑）。

そしていつか、2人してこたつでのんびり編み物できるときが来るといいな。

長女に編み物を教える。
そうそう上手
こんなカンジ
スーもやりたいーっ
えーっ
そこでスーには指で編む方法を教える。
ちゃんとマフラーになるの。
こんなカンジ
チーも
ですよね……
でもさすがにチーにはムリだよなあ……
じゃあチーちゃんにも毛糸あげる。これでなにか作ってみよっかー
100均で買ったやつ。
わーー!!
チョキチョキチョキチョキ
みてーごはん
ですよね

「3姉妹おそろい」は母のロマン。でも、そろそろ卒業かな？ これからは個性重視ファッションで!?

娘たちの洋服を買いに行くと、ついつい、おそろいのものを探してしまう私。姉妹に同じ服を着せるのって、なんつーか……ロマンよね、母のロマン！（大げさか!?） いや、もう、わかってるのよ。母のエゴ。単なる自己満足なんだってことは。

おそろの服着せて、かわいーって思って、写真撮って、わーい！ そう、ただそれだけ……。たぶんこれね、あれに似てるよね。コスプレ？ でも、せっかく年が近い姉妹だし、私が洋服を選べるのも今のうちだけだから、もう少しこのだいご味を味わっていたいのよ〜、なんて思っていたら！ とうとう最近になって、長女がひと言、「え？ また同じぃ？」。ああ。気づいてしまったか。

姉妹同じ服を着ることは自分にとって何のメリットもない、むしろパーソナリティが薄くなってんじゃない!?ってことに。とくに長女はもう小学3年生。だんだんと、洋服の好みをあれこれ言うようになってきたんですよね。私の好みで洋服を買うのも、そろそろ終わりなのかな？（チェッ）

姉が自分で服を選べば、当然下も得意げに「自分で決める」なんて言いだすことでしょう。これからは、3人それぞれのファッションセンス、お手並み拝見ってところかしら？ そう考えると、女同士のショッピングもまた楽しみになってくるわけで。まだまだ、3姉妹母のだいご味、味わっていかないと、ですね。

おそろいってかわいい――っ!!
…って思ってるのはどうやら母だけ……
また同じの着なきゃいけないのォー？
ガーン
で、姉だけ違う服を着ていると、やはりそれがうらやましくなる妹たち。
も～チーちゃんと同じ服、ご迷惑ぅ～
スーと同じ服もう飽きた～
なんだなんだその言いグサはっ!!
て～
顔はおそろいのくせに…
チッ
さみしいけどそろそろおそろいは卒業かなあ～？…
そして三女は姉からのおさがりにより同じ服を3回着ることになる。
140cm
120cm
100cm
すまん、チー。

いよいよ次女スーちゃんが新１年生に！

選んだランドセルの色に成長を感じてしまう母でした

4月から、うちの次女が小学校デビューします！　思えば3年前の長女の入学準備の時期。親にとっても初めてのことばかりであたふたするし、おっぺけぺな長女を見ては「本当に大丈夫か？」と日々不安がつのっていったものでした。

あれから3年。長女のおっぺけぺぶりは残念ながら今も健在ですが、私の小学生ママっぷりはだいぶ板につき、次女の入学もあせらず迎えることができそうです。

さて、入学準備といえばランドセル。スーちゃんにパンフレットを見せたところ、選んだのはなんと水色！　家では自由人でも、外ではマジメでまわりに合わせてきた次女。その次女が、新1年生の選ぶランドセルの中で確実に少数派と思われる水色を……！

「みんなはピンクとか赤かもしれないよ？　あとでイヤになっても変えられないよ？　6年生になるまでずっとだよ？」。何度も何度も確認しましたが、次女の決意は固い。ずっとお姉ちゃんのあとを追いかけながら育ってきた次女が「人と違っても私はこれがいい！」と言っている。すごいじゃないか、かっこいいじゃないか。「これが自立なのか」なんて、まだ入学前だってのに娘の成長を心で受け止める私。

ピカピカ光る水色のランドセル、きっとスーに似合うよ！　背中よりちょっぴり大きめのランドセルを背負って楽しそうに学校に行く次女の姿が浮かんできて、4月が心から待ち遠しくなりました！

次女が水色のランドセルを選んだ時…
これがいいーっ
フーちゃんはなんて言うかな。…
というのが頭をよぎった。
というのも、長女が買った時はそれほどめずらしい色もなく、あっさりとオーソドックスなものを選んでいたから。
このピンクー
なんでスーだけ水色なのーー かわいくてズルイ フーちゃんもちがう色がいいーーっ
うーーん
…と思ったら
えっ？スーが水色でもうらやましがるわけないじゃん！フーちゃんはいっちばんこれが好きなんだもん
これがいいもん
そっかーよかったーー
で、翌日
お母さん…
ん？
ランドセルが水色だと6年生になった時はずかしいの？
は?! なにそれ
お姉ちゃんがそう言ってた
あいつ!!
やっぱ少しくやしかったらしく変なことふきこんでいた長女だった…。

おまけの４コマ劇場❷
食べることにはこだわりが！

家庭円満のヒケツ？それはおいしく食べること

「3姉妹もご夫婦も、仲がよくてうらやましい」と、なぜかいろんな人から言われます。うーん、仲は……悪くないです（笑）。

特別に親子の絆を深めようとか、夫婦のコミュニケーションを密に！とかは思っていません、ハイ、全然。めんどくさいし（笑）。ただ、唯一気をつけているのが食事。

毎日決まった時間に食べて（時間がずれるとイライラして、ケンカが増える）、マナーをできるだけ教えながら（でも、ガミガミ言うと食事がまずくなるのでほどほどに）、今日あったことを話題にしながら（みんながしゃべりたがるのでウルサイけどね）、笑顔で食べるようにしています。

おいしいものを食べておなかがいっぱいになることって、いちばん手っとり早く手に入る幸福。そこをおさえておくことが、私の仕事かな？って思ってます。

だしはかつお節でしょ！

1コマ目
お父さん：「よーし お前たち!!! かつお節削ってみそ汁つくるぞっ!!」

2コマ目
お父さん：「かつお節を削る時のポイントは目なのだ!!」
子：「お父さんすごーいっ」

3コマ目
子：「おーっ おいしー」「チーちゃんもーっ」「うーん いいニオイ」

4コマ目
子：「おかわり」「もっと削って」
お父さん：「いっぱいになったらみそ汁ができるんだー」

「おいしい」は魔法の呪文

ハイ 野菜炒め めしあがれ
お野菜 苦手〜〜
おいしいおいしいって食べるとなんでもおいしくなるんだよ!
ほんとーっ
そうだ そうだ
ほんとだ おいしーっ
おかわり
ほい きた
ガツ ガツ
フーちゃんもー
あれ オレのは?!
うめぼし
申し訳ありません

ぷりっつ流 わが家の食育

「いただきます」と「ごちそうさま」を忘れない

作った人への感謝はもちろん、食べ物は命をいただくことだから、やっぱり「いただきます」と「ごちそうさま」を忘れない人になってほしい。だから、みんなでテーブルについて声を合わせて「いただきまーす」。

スーパーで選んだり、野菜を洗ったり

「食育のために、自分で野菜を育てています」っていうスバラシー家庭もあるけど、わが家はムリ。そのかわり、スーパーで子どもに野菜を選ばせたり、野菜を洗ったり、皮をむかせたりのお手伝いはさせています。チーちゃんは途中で食べちゃうのが難点ですがね。

色のバランスが栄養のバランス

細かな栄養計算はできないので、「彩り」がそろっていればＯＫにしてます。白（炭水化物や牛乳）、黒（海藻やごま）、黄（卵や緑黄色野菜）、赤（お肉やお魚）、緑（野菜全般）の５色そろえるのが目標！ 見た目もきれいで一石二鳥。

食べたら出す……も心にとめて

子どもに食べさせるだけでなく、そのあと「ちゃんと出ているかな？」も気にかけています。子どもたちにも「ウンチは汚いだけのものじゃないよ。健康のサインなんだよ」と教えているので、出たウンチがいつもと違うと見せてくれますよ。

行事ごとの食事はちょっとがんばる

節分にはいわし＆恵方巻き、ひなまつりにはちらしずし＆はまぐりのお吸い物、作ってます。だって、その日の献立考えなくていいし（笑）。子どもたちから「なぜこのメニューなの？」と聞かれることも増えたので、インターネットで調べたりしているエライ母です。

バレンタインはチョコパン!

おまけの4コマ劇場③

パン作りが大好き!

パンに何を混ぜて焼く?

「うちの3姉妹」が ハワイに 行ったよ

2008年 Summer

荷づくりもあれこれ悩みつつなんとか終了。
英語の辞書いるっ?!
いらないだろ
この子もいっしょにいくー
だめっ
新宿
ハワイがどこにあるのかもわかってない3姉妹を連れていざ出発!!
まだ新宿!
ねーハワイまだ?
夜の便なので
みんなあっというまに夢の中……
目がさめるとそこはもう常夏の国ハワ〜イ!
わあ〜っ!
少し休んで、その夜はさっそくオーシャナリウムというレストランへ。
大きな水そうがあってまるで水族館みたい!子どもたちもビックリ!
Aloha!
うちの3姉妹
キレイで楽しくて食べるのも忘れて大ハシャギ!!
みてーっ
ビュッフェスタイルなので子連れには嬉しいレストランでしたよ。
まぐろおいしい〜〜
2日目はホクレア号というバスに乗ってクアロアへ。念願のビーチでまずひとあそび!!
きゃあ〜

そのまま
ビーチで
バーベQ
ランチ♥
肉がでかくてうまい〜っ
パイナップルも甘い〜っ
子どもたちの
お気に入りは
焼きマシュマロ
でした。
あま〜い
やわらか〜い
おだんご
おかわり
マシュ
マロね。
その後はクアロア牧場内の
映画ロケ地めぐりや…
ゴジラのあしあと
でか〜っ
乗馬をして
楽しみました。
そんなこんなで
大満足の
一日でした。
とくいげなチー
ぱっか
ぱっか
3日目は
カハラホテルの
プールでイルカさん
とご対面。
イルカにエサをあげたり
さわったり
なんとチュー
までできる!
チーはびびってる
かわいい
〜っ
ぱか〜
チーちゃん
のこと
食べちゃう?!
大丈夫
大丈夫
とっても貴重な
経験でした。
そのまま
カハラビーチでリゾート
気分を味わう♥
カハラは
ワイキキ
に比べて
波もおだやか
なんか
セレブ気分
〜
ホホホ
ザー
やきもろこし
とみそ田楽
食いて〜
だいなしだな!
チッ
ぐ〜

4日目のメインはフラダンス体験！まずは好きなムームーを選び…
全部ステキっっ
チーこれにしゅる
いっぱいあるから悩むーーっ
フラの先生がいるビショップ・ミュージアムへ
アローハー
ケアロハ先生はハワイの文化を伝えるえら〜い先生なんだって
とっても優しい歌声にうっとり♥
3人も上手におどってました。
その時
あーあれ！
私たちの目の前に現れたのが
?なになに
まるで絵本にでてくるような見事な虹!!
日本ではなかなか見られない大きな虹にみんな感動！
わーーーっ!!
目を輝かせている子どもたちをみて、この虹がいつまでもみんなの心に残るといいな…と思いました。
そのあとアラモアナでお買い物・子どもたちは自分だけのくまさんを作れるお店に入り、
好みのくまさんを決め…
チーこれ
スーこれ
フーちゃんこれ
ピンクにハートもよう→
まっくろ→
しろ→
くまさん用の服や小物を選び……
これと！これと！これと！これと！これとー
ひとつにしなさいっ!!
ポイ
ポイ

オリジナルベアを自分のおみやげにしました。
ピンクの体にピンクのドレス♪
ハンナ・モンタナTシャツ♥
プリーツスカートがかわいい。
チー
スー
フー
ずっとだっこしてるーー
飛行機にもいっしょに乗るーー
よかったねぇ〜
数分後
暑いからちょっと持ってて。
あのな…
そして最終日！大好きな海を朝から満喫！
ザブーン。
ハワイの海は砂がサラサラだし体がベタベタしないし、なんといってもお水がキレイ♥
きゃーー！
ずっと入ってたーい
温泉じゃないんだから…
プカ
プカ
その夜はフラのディナーショー
ファイヤーダンスが圧巻でした。
おおーっ
あっという間の5日間の中にかかえきれないくらいたくさんの思い出を作ってくれたハワイ。
はじけそうな子どもたちの笑顔をみているだけでも本当に幸せでした。
忙しいと思ってあきらめないでよかった!!
夢の中にいるようなステキな時間をありがとう!!
帰国後
次はいつハワイいくのー？
あさって？しあさって？
ちょっとだまっててー
現実にもどされ仕事中

うちの3姉妹 News 2008年度

3姉妹ついに テレビアニメに! キャラグッズも続々発売

忘れもしない2008年4月8日。テレビのスイッチを入れると……登場しました、われらがフー・スー・チー。3姉妹が動く! しゃべる! 踊る! 声優さんの声もイメージにぴったりでしたね。

アニメだけでなく、にんべん「つゆの素」、江崎グリコ「ビスコ」「プリッツ」(←やっぱり!)などのテレビCMにも3姉妹のかわいい姿が登場。さらに、おもちゃの世界にも活躍の場を広げ、カプセルトイ「うちの3姉妹　くっつくんです」(バンダイ)「うちの3姉妹のほほんハウス」(ウィズランド)、さらにDSソフトにも! どれをサンタさんにお願いするか悩む声も聞こえました。

夏休みにはトヨタオートサロン・アムラックス東京のイベントのキャラクターにもなった3姉妹。「街を歩けば3姉妹に当たる」そんな2008年になりました。

アニメ

4月からテレビ東京系でスタート

毎週火曜日17:30 ～ 18:00に放送された『うちの3姉妹』。その後『おかわりぱれたい』に姿を変え、2010年12月、好評のうちに終了しました。

ウィズランド

3姉妹初のキャラグッズは「たのしーバスタイム」

おふろに入れるとぶくぶく泡が出て、中から天ぷらやドーナツが! おふろタイムが楽しくなるこの商品はTVコマーシャルも印象的。

※販売は終了しております。

にんべん

老舗企業のキャンペーンガール(?)に起用!

「にんべん」初のキャラクターとなった3姉妹。応募すると3姉妹オリジナルグッズが当たるキャンペーンは毎年恒例になりました。

バスにも

街を快走する3姉妹!

08年、東京渋谷・代官山エリアに『3姉妹号』バス(東急トランセ)の運行が! 東京屈指のおしゃれな街を3姉妹の笑顔が駆け抜けました。

Part 3

2009年4月～ 2010年3月

スーちゃん
小1

チーちゃん
年中

フーちゃん
小4

年に1度の幼稚園の役員決め。普段のくじ運の悪さはどこへ？引いちゃいました、大当たり！

わが三女が通っている幼稚園では、1学期最初の懇談会で「保護者会の役員」を決めなければなりません。役員になったら、その中からさらに会長や副会長を決めて、よりよい幼稚園の運営のために1年間働くのです。

ちなみに、うちの幼稚園の役員さんはかなり大変らしい。毎年どのクラスでも、役員に立候補する人なんてそうそういない。だから役員は決まらない。どのお母さんも下を向いたり目が泳いじゃったりしています。先生に当てられるのを待つ、宿題を忘れた高校生みたい。当然私もそのひとり。でも「仕事を持ちながら役員は無理」と、むしろ客観視してその日は役員決めの行方を見守っていました。

結局、全然決まらない。「ではくじ引きで」ということになり、私はトップバッター。30本あるくじの中からさっと引いてみたら、その先には「アタリ」の赤い印。ん!? アタリっていうの!? こういうの。たとえフルでお勤めしている人でも、辞退の言い訳にはならないというきっびしー決まりがあるこの幼稚園。うっそーーー！と叫んでみてもしかたがない。はっ！ そうだ！ 何度も自転車で幼稚園に行くから、やせるかもしれないじゃない！ それに、幼稚園に行くたびにチーちゃんに会えるんだし！ わー楽しそう！ あははは！

無理やりポジティブになってますが……どうせやるなら楽しくいこう。役員・ぷりっつ、1年間がんばります！

幼稚園の役員決め…立候補者がいないのでくじ引きに。
では順番に引きにきてくださーいい
よし1番だっ こんなにたくさんあるんだから当たるわけないっ
そーれっ
ブーン
大当たり
おかしい……
今までデパートの福引きもコンビニのくじも
ビンゴゲームですら当たったことがないのに……!!
なぜここで当たるかーっ!!?
つまりくじ運が悪いってことだろ!!
うわあああ
てーわけで役員になりました。
わたくしの一年間をどうか応援してやってください…。
役員

毎年難しくなる小学校のお勉強。寝る前の30分間は3姉妹の学習タイムなのです

子どもが小学生になると、ちょっと意識し始めるのがお勉強。とはいえ1年生のころは「自分の名前を書いてみましょう」とか「2たす3は？」なんてカワイイことやってるから、こっちもおだやか。「あらぁ、うちの子にはちょっと簡単かも〜。ホホホ」なんつってね。

しかし、2年3年と学年が上がっていくにつれて、増えていく漢字、数字のけた、そして私の眉間のシワ……。

毎日「宿題やったの!?」「明日テストないの!?」って、ひとりであせる私。できればいっしょにあせってくれまいか、わが娘よ。

でも、毎日のようにお友だちと遊ぶ約束をし、うちに帰れば姉妹で遊ぶ。習い事もあれば観たいテレビもある。子どもって意外と忙しい。

そこでわが家では、寝る前の30分〜1時間をお勉強タイムと決めて、なるべく習慣にしようとがんばってます。長女がワークをやっていると、次女も三女もまねっこしてそれぞれのワークをやり始めるので、母はつきあうのがちょっと大変ですけどね。

でも、今のところ、みんな進んでお勉強しているので、そのやる気は素晴らしい。

もうひとつ。朝、出かける前の10分読書もわが家のお約束！勉強も読書も習慣にすることで、苦手意識がなくなってくれるといいなと願う母なのです。

うちのお勉強タイムは寝る前の30分～1時間。
かきかき
できないー よんでー やってー おしえてー
はいはい
3人、同じ部屋で一緒にやってます。
切ったり貼ったりが多い三女のワーク。
ハサミでここ切るんだって。気をつけてね。
はあい。
汚れるし一番めんどくさい。
次女はひらがなの書き順と鉛筆の持ち方に指導が必要なので…
また変な持ち方になってるよ～
「た」の書き順違うね
そばでチェックしてないとだめだし…
この問題意味がわかんないー…
どれどれ
えーと
ぶつぶつ
ぶつぶつ
意外とマジに読まないとわからない長女のワーク。
フーちゃんそれもっかい読んでごらんっ
チーそこでのりぬるなッ
スー、「よ」が「お」みたいになってるよ～
勉強タイムは、毎回母もフル回転なのでした。

近所の温水プールへGO!

子どもたちはトビウオに私はスリムになって夏へGOGO!

以前、スーとチーが水泳を習い始めたことを書きましたが、知らぬ間にいろいろなことができるようになっていたのです。

背中で浮いたり、けのびしたり。自称・札幌のトビウオであるこの母に一歩一歩、近づいている。まあ、まだ足元にも及ばんがね。はっはっは。

毎日おふろをプールがわりにして、もぐったり浮かんだりしている3人のために、「今度の休みにプールに行こう!」と言いだしたのは父。

わが家から車ですぐのところに温水プール施設があって、気軽に利用できるのだ。

家族5人、2時間利用しても1500円ほど。スイミング教室に通ったりしなくても、家族で楽しみながら(しかもお安く)泳ぎの練習ができるなんていいじゃない!(とか言いながら一番の狙いは自分のダイエット)

大はしゃぎの子どもたちを引き連れて、いきなり飛び込んだのは「流れるプール」。

浮き輪で浮かぶ子どもたちにつかまったまま、流れに身をまかせ……気づいたら2時間。ガーン。流されっぱなしーー! 泳ぎの特訓は? ダイエットは? 子どもたちも、そして父もそれはそれは楽しそうだったから、まあいいんですけど。

しかし、ただ浮いてただけなのに、何ゆえ疲労感だけはずっしり? 次に行くときには、ぜひとも達成感もおみやげにしたいです。札幌のトビウオ、復活の時はまだ遠い……。

うちの近くにある格安温水プールが今、わが家のブーム!!
プールいこうぜ
わーい
行くたびに25メートルを何本か泳ぎ…
ザーン
子どもたちには泳ぎの指導……
毎週通えば
ホホホホホ
私のボディーはミラクルスリム!!!
子どもたちはトビウオに?!
よーし めざせオリンピック!!!
ざぱーん
…という夢に酔いしれながらただただ流れる2時間だった。
だっら〜〜
あはははは
あはははは
ユーラ
ユーラ
ユーラ
…しかもプールの後ってお腹へるからすごい食べるしね…。
ミラクルスリムは夢のまた夢であります!!（泣）
がつがつ がつ がつ

運命のダイエットに出会った？
Wiiフィット再び。その秘密は早起き＆相棒にアリ

夏に向けてダイエットせねば!! …っていう毎年恒例の決意表明もそろそろ飽きてきた今日このごろ。しかし、残念ながら見逃してあげられるレベルじゃないんですわ、この冬にためた脂肪（とくに腹）。

とはいえ、寝る前に腹筋なんて眠くてできない。エクササイズＤＶＤはホコリかぶってるし、カロリー計算もできなければ襲いくる食欲を抑えられるわけもない。ええい！　しょうもない根性なしだな、われながら。それでもそんな自分に負けじと、長続きさせられるダイエットをいろいろ考えた結果、最近やりだしたのが「Ｗｉｉフィット」。もちろん過去にチャレンジして、すでに一度は挫折済み。

しかし、今回は違うのだ。キーワードは「早朝」！　ひとりでがんばるのもつらいので、ちょっとメタボが気になりだしたダンナも道連れにして2人で5時前に起床。

「眠いから無理」って思うときでも、声かけあえば起きられる。ボクシングで有酸素運動をし、そのあと腹筋運動がいつものパターン。

やってみて思ったのは、ダイエット効果うんぬんよりも、やはり早起きってすごくいい！ってこと。朝に余裕があると、その日1日余裕を持って過ごせる気がするんだよね。一石二鳥、いやいや三鳥くらいあるような感じ。

「無理せず楽しく」をモットーに、早起きＷｉｉフィット、がんばって続けていきたいと思いまーす！

4じ50ぷん
朝早くから起きて…
ぼ――――っ
W…フィットでエクササイズ中。
ぐお――っ
がんばって
その後遅れて起きてくるこの人たち
ぼ――――っ
体重グラフ（増加中）
…
…
じ…
増えてるじゃん、今日も
やせる気ある？
くー―っ
きびしーっ
彼女たちにほめてもらえるその日まで!!
おかーさんがんばりまっす!!
1
2
シュッ
シュッ

フーちゃん、おこづかいデビュー。大事な大事なお金で初めて買ったものはなあに？

長女が4年生になった今年の春、わが家でもおこづかい制度を導入しました！

今までは「子どもにおこづかいなんて必要ないんじゃない？」と思ってたんだけど、小学生になるとおこづかいもらってる子って多いのね！長女も仲よしのお友だちから「自分のおこづかいでお買い物した」なんて話を聞いて、マイ財布に強いあこがれをいだくようになったんです。

で、ダンナともいろいろ話し合い、「お金の大切さがわかってもらえるならいいんじゃないかな？」ということになり……。月に800円を渡して、使わなかった分は貯金箱へ。お金を使ったときには必ずおこづかい帳に記入するように約束しました。

それからというもの、長女は何でもかんでも「ほしい〜」って言わなくなりました。私に「ほしかったら自分のおこづかいでどうぞ」と言われるので、本当に必要かどうか、よーく考えるようになったみたい。使い道は、お友だちどうしで誕生日プレゼントやかわいい文房具を買うくらいで、あとは貯金。無駄づかいをせずに、しっかりお金の管理ができるようになったらうれしいな。

それからわが家では、お手伝いしたらおこづかいをあげる、というのはやってません。ダンナいわく、「お手伝いはあたりまえ！」。毎月のおこづかいの中に、お手伝いありがとう、の気持ちもこめているというわけです。

ある日の買い物中…
200円のガチャガチャ
わ～～
おでかけウォッチ
200
フーちゃんこれほしい!!
この腕時計が、おこづかいでの初めての買い物でした。
やったあ♥♥
腕時計ずっとほしかったんだーーっ もう夢にみるくらいだよーーっ
しあわせすぎーー
よかったね…
学校に行く時以外はいつも装着!!
よしっ今は4時10分!!
↑とにかく意味もなく時間を調べる
使わない時はきちんと片づける。
チーも
だーめ
大事なの!!
お金の大切さもわかるし、物も大切にする…おこづかい、なかなかいいです!
ぐー

食卓の救世主現る!?
スーパー便利なホットプレートで新しいレシピが続々登場

初めてホットプレートを購入しました!
「え? 今までなかったの?」と驚かれますが、
たこやきプレートも焼き肉プレートもあったし、子どもがさわると
危ないので必要はないかなーって思ってた。
しかし! 今ではすっかりホットプレートのとりこ♥
朝は、パンをあたためながらベーコンや卵を焼けるし、昼は焼きそば、
夜は焼き肉……と、見事なまでの活躍ぶり。テーブルには常に
ホットプレートさまが、わが物顔でどーんと居座っているのです(笑)。
とくに、お好み焼きやホットケーキを自分で焼けるというのが
子どもたちに大ウケ。「今日の晩ごはん、ホットケーキにしよう!」なんて
言われたり(そ、それはかんべん!)。
最近のお気に入りは、あるテレビ番組で紹介されていたというもやし
のレシピ。たっぷりのもやしをホットプレートに敷き詰め、そのうえに
薄切りの豚肉を並べ、塩コショウ。ふたをして蒸し焼きにするだけ!
それをポン酢につけて食べるとさっぱりしてて本当においしい〜!
もやしっていくらでも食べられるし、なんといってもリーズナブル。
何回でも食べたくなっちゃいます。
ほかにも、ホットプレートを使った「楽しい、おいしいレシピ」を研究中。
これからもどんどん活用して、もっともっと食事の時間を
楽しくしていこう!

たこやきも焼き肉もできるホットプレートを購入!!
毎日のように使っております。
じゅう じゅう
次女の誕生日には
自分たちでケーキづくり♥
(ホットケーキだけど)
好きな形に焼いてクリームをのせてチョコペンで絵をかいたり…
こーんなかわいいデコレーションケーキもできました。
おいしかったね～
お母さんにも作ってあげるね
ほんとーっ
わーい
ジュ
はーい♥
どーーん
ほぼクリーム!!!
ガーン
ケーキ これだけ
完食しましたけどね…
ゲプッ

この秋、芸術が爆発中！

「オーブン粘土」で繰り広げられるおっぺけぺ劇場に注目

芸術の秋ですね。うちの3姉妹はかいたり切ったり貼ったりが大好きなので、年がら年じゅう芸術シーズンですが。

そんな3人がハマっているのは、100円ショップで見つけた「オーブン粘土」。普通の粘土と同じように形をつくり、120℃のオーブンで30分間あたためるというもの。あたためるとかたくなって、プラスチックの人形みたいになるんです。最後にニスをぬると、けっこう本格的！

色の違う粘土を混ぜれば、色づくりも自在。子どもたちは「肌色ってどうやってつくるんだろう？」とか「薄い紫をつくりたい」と一生懸命考えて、思いどおりの色になったときは本当にうれしそうです。それで、何をつくっているかのぞいてみると……人形がずらーり。これでやるのは、当然お人形遊び。自分で考えてつくったキャラなので、ごっこ遊びにもいつも以上に熱が入るらしい（笑）。劇をしながら、「こういうキャラクターを登場させたい！」と思いついてはまたつくる……。

創造し、それを使って演劇をする……おお、これぞまさに芸術の秋！

ちなみに、チマチマした作業が大好きな私も一時期ハマりました（あっという間に飽きたけど）。指先を使うのって脳トレにいいんだよね、たしか。もう少し年とったら、脳の活性化のためにまたいろいろつくってみようかな～、と思うアラフォーぷりっつなのでした。

オーブン粘土にはまっている3人。
チマチマチマチマチマ
次は天使のこどもつくろー
スーはカメさん
チーはヘビ
オーブンで30分あたためたあとニスをぬってあげると…
こーんな感じに仕上がります。
長女作
三女作
次女作
これを使っておっぺけぺ劇場を続ける3人。
私がまほうをかけるわーっ
そしてケガが治ったのね
それでこっちと結婚するのね
今やてんこ盛りになるくらい人形がいるけど…
全てに名前がついていてそれを把握しているというのだからおそろしい…。
どっさり…
ちなみに私も…
ちがうっ私が求めているのはこんな色じゃなーいっ!!
ぐおーっ
一時期、芸術家ばりにはまりました。(熱しやすく冷めやすいタイプ)
子どもと一緒に楽しめるのでオススメです!!

バレエを習ってもう4年。楽しく続けばそれでいいけれど キラキラした未来を夢見る母なのです

3 姉妹はバレエを習っております。お遊びみたいな期間を含めると、もう4年目(チーは2年目)。

最初のうちは「そのうち体もやわらかくなってバレリーナっぽくなるだろう」と、お教室に丸投げ状態の母でした。

しかし、何事も本人の努力なくして成長はない。

子どもたちの体はいつまでたってもかたいまま、たまにのぞくレッスンでは猫背でフラフラ歩いている娘たち。かなり努力しているであろうお友だちとの差は、驚くほど開いていたのです。

でも、「このままではいかん！」とあせったところで、バレエ未経験の私には何をしたらいいかわからず……とりあえず毎晩の柔軟だけは習慣化。

そんな折、長女がひとつ上のクラスに上がることになりました。そのクラスは全員がトウシューズ。もちろん長女と同じ年齢の子も。それを目の当たりにして、「もっと上手になりたい」という闘志が芽生えた長女。本人からの申し出でレッスン回数を増やすことになりました。一方次女は、マジメ型なのでコツコツマイペースで上達しています。そして三女は、スキップやらツーステップばかりのおよそバレエにはほど遠いレッスンが楽しくてたまらないそうなので、そこはあたたかく見守ることにしております。プロをめざしているわけじゃないけど、じゃあどこまで？と聞かれても難しい。

とにかく今は、楽しく続けられることに重点を置きつつ……心のどこかで3人のバレリーナ姿を夢見ている母なのでした。

3人バレエを習っていると…
…何が大変って…
シニヨン作り
（髪の毛のおだんご）
時間がなーいっ
くっっ
ゴーッ
3人、レッスンが重なっている日もあるので…
ハイつぎっ!!!
いそげっ
もう流れ作業状態
ちなみにうちのチー。
5年間ほとんど髪を切ったことがないのに
1つに結ぶと
習字の筆より細い。
ちょりーん
いやマジで。
なのでいつも必殺アイテムを使っています。
100均で買ったくるくるのウィッグをネットに入れた…
なづけてフェイクだんごーっ
これをピンでつけるだけ。
えいっ
ぺったんこ
おかげさまでシニヨン作りのスピードと技術はどんどん上達。
めざせシニヨンのカリスマ
なんだそれ
お母さんいつも大変そうだからフーちゃん自分でやってみるよ
えっできる?!
3つに結んでみたけどどうかな?!
キリッ
すぐはずせ
カリスマ目指し、がんばります。

待ちに待った母の休日！

年末年始のこの時期だけは母の好きにさせてくださ〜い

普段から、やりたいことが多すぎる私。でも、子どももいて、仕事もあって、という今の状況では趣味のための時間をつくるのってすごく難しい。常に仕事への焦燥感があって、せっかく時間ができてもやりたいことを十分楽しめないんですよね。しかし！ そんな私にも仕事のことをすっぱり忘れて趣味に没頭できるときがある！ それは……お正月!!

常になにかしらの〆切と戦っている私だけど、さすがにお正月は仕事もお休み。子どもたちも実家に数日間お泊まりするので、子育てもお休み。これはチャンスとばかりに、ダンナと2人でレンタルＤＶＤやお笑い番組を観まくり、文字どおりの寝正月。さらに、この貴重な時間を使って普段できない趣味にハマるのも楽しみのひとつ。

ちなみに、今年のお正月はひたすらかぎ針編みをしていました。子どもたちのバッグとかコースター、シュシュ、フリークロスなど、いくつ作品をつくり上げたことか。もうね、部活のノリ。「指が痛くても負けるかー」って。やりたいことに夢中になってるときって、「生きてるわー！」って実感しますね。

そんな年に1度のスペシャルデイズがもうすぐやってきます。今やりたいのは「羊毛フェルト」を使った小物づくり！ 材料もお正月までにばっちりそろえて、遠慮なく自分の世界にひたるのだ。

もういくつ寝るとお正月〜♪と、子どもみたいに首を長くしてしまう私なのでした。

大みそかは私の実家で……
今年も1年ありがとう～！
元旦はダンナの実家で……
おめでとうございまーす！
おとし玉
そしてそのまま子どもたちは実家に泊まるのが毎年のお約束。
じゃあねー
おりこうさんでね～
その間ここぞとばかりに趣味の時間にひたる私。
はじめるぞーっ
今年の正月はひたすらあみものしてました。
ぶっはっはっ
お笑い番組
疲れたらその場でダラーっと寝るなんて……
なんてぜいたく!!
うっっしあわせ!!
泣くこたないだろ……
今回も正月を迎える3ケ月も前からやりたかった「羊毛フェルト」を買いそろえて……
横目でチラチラみながら仕事してます。
早くこいこい、お正月!!
うふうふ

インフルエンザの予防接種シーズン。幼児期のフーちゃんにとってそれはまさに戦いであった！

この冬は新型インフルエンザの流行で、予防接種のワクチンは2種類ありましたね。注射嫌いの子どもたちにとって、まさに試練ともいえる季節到来です。

痛いことを知っていて、それでも針を刺さねばならぬそのつらさ……。泣きたくなるのも逃げたくなるのもわかります。本当にキミたちはよくがんばっている。しかし!! ここはひとつはっきり言わせてもらいたい。予防接種のとき、いちばん大変なのは母なのである、と。だって、接種の日が近づいてくるだけで憂鬱になるんです。その後の修羅場を想像して。

うちはとにかく長女がひどい怖がりだったので、毎度すさまじかったの。看護師さん2人と母の3人がかりで押さえつけ、しかも泣き叫び方がこの世のものとは思えないレベル。注射が終わったあと待合室に戻るのが恥ずかしいったらありゃしない（私汗だくだし）。

お互い必死の思いでその日を乗り切ったのに、容赦なくすぐに2回目の接種日がやってきて、前回よりもひどい目にあうというお約束のパターン。本当に大変だった……。

しかし、すべては過去の物語。長女は妹たちの手本になろうとがんばり、妹たちはそれを見習うという美しい姉妹愛（?）のおかげで、すっかり予防接種の苦労はなくなりました。泣いて泣かれての攻防戦も、いつかは笑える思い出話になるはず。予防接種に戦々恐々としている母たち、負けずにがんばってくださいね！（笑）

長女2才の頃のインフルエンザ予防接種…。
オホホホホ
どこいくの—っ?
どこかなー
病院の待ち合い室にて。
…
あーぱんあーぱん
みてあーぱんよ
わかってない……よし……このままいくぞ…。
診察室
ぎゃあああああーっ
先に注射した子の泣き声
やべえ。
…
察知されたぁ—っ!!!
かえろ
バイバイ
しぇんしぇーバイバイ
こうなったらもう開き直る。
ぎいやあああああああ
大丈夫っすぐおわるからねーっ
終る後…。
ぐったり
ゼイゼイ
お…おさわがせしました…
ひっくひっく
汗
涙
しかし2回目はさらに戦闘時間が長い。
ああ、非情なり予防接種。
○○医院
病院が遠いっ!!
ぎゃー
ひー
バイバイ
バイバイ

子どものおしゃれセンスって？「高い服＝お気に入り」にはならないこの不思議

春はおしゃれが楽しくなる季節ですね〜。冬の間に着々と蓄えられた腹まわりの脂肪が、もう分厚いコートで隠せなくなるというあせりはありますけれども、ええ。自分のことはさておき、うちは3人娘なのでかなり着せかえ人形感覚です。

今までは「3人おそろい」にときめく母でしたが、最近では3人それぞれ違うテイストを楽しむのもいいかなあ、なんて勝手に脳内シミュレーション中。そう、昨年の予想に反して、子どもたちの服はまだまだ私が独断で買うことがほとんどです。ふふ、まだ大丈夫。

洋服は、ちょっとおしゃれ度の高い服と、汚してもいい普段着を半々くらいで選びます。最近は、すご〜く安い服でもデザインがとってもかわいいんですよね〜。で、毎朝のコーディネートは本人たちにまかせているんですが……。なぜに！　なぜにキミたちは同じ服ばっかり着回すのだ!?　しかも、子どもたちが気に入るのはたいてい「汚してもいい普段着」のほう。たまにタンスの中を見てみると、ほとんどそでを通されていない「おしゃれ度の高い服」が眠ってる！

まあ、私も気に入った服があるとそればかり着てしまうので気持ちはわからないでもないですが。いざ、おでかけしよう！っていうときに色がうす〜くなったすそがヨレヨレの服をひっぱり出されると、お母さん脱力。今後は本人たちのファッションセンスももう少し磨いていきたいところです、ハイ。

近頃の子ども服は
これが980円?!
スーパーなどでもかわいいデザインのものがいっぱい!!
どうせ毎日鉄棒やドッヂボールで汚すんだし
ホホホ
ヒョイヒョイ
てわけで「学校用」のつもりでゲットするが…
えーっこれ超かわいいーっ
長女のハートをがっつりつかんだようで
そお? 980円なのよ。
その後はもう、みるたび
ま…またそれ?!
ここがお気に入りなのーー
黒のレースヒラヒラ♡
2日に1回のペースじゃ…
しかもスーパーで買うと…
あーあれお姉ちゃんの服
かぶる。
おでかけする時も…
おでかけ?! オシャレしなくちゃーっ
おまたせ♡
どんだけ好きよ!!
値がはった服ほどほっとかれてる気がする…
娘のファッションセンスに疑問を抱き始めた今日この頃…

フーちゃんもうすぐ5年生。
今までのように手出し口出ししてはいけない！
と決意する進級前なのです

先日、長女のクラスのお母さまがこんなことを言っていた。「私、ずっと先回りして世話をしてきたから、うちの子、自分では何もできないの」……はっ！　うちもそうかも？

「宿題やった？」「明日、体操着必要でしょ？」「寒いから上着を着なさい」などと、本人がやるより先に声をかけ、ときには体操着を袋に入れてあげたりもする。朝ごはんも全部出してあげて、終わったころには「歯みがきしなさい」とひと言サービス。い……いかん！　これじゃまるで、お城に住むお姫様ではないか！（そして私は召使）

先生いわく、「親が先回りしすぎると、自分で生活のリズムをつくっていく力や、自分が何をすべきか考える力が養えない」とのこと。朝決まった時間に家を出る、必要なものは自分で準備する、同じ時間に自分から机に向かう……そんな自主性を育てるためには、ある程度親が突き放さなければダメなのだ、と。

小さいころから手をかけすぎてしまった長女に比べ、放っておかれてる妹たちは確かにしっかりしているかも。そんなことに気づき、また今日も子育ての難しさを実感、そして反省。

長女ももうすぐ5年生。くどくど言いたくなるところをグッと耐えて、自分でやれる力をつけてもらいたい！　そして妹たちは、そんな姉を見習ってさらに自立してもらいたい（笑）。

新学期に向けて、ちょっぴり心を改めた母でした。

ホラ トースト!! バターぬったよ ハイ牛乳も
髪の毛結ぶよ おいでっ ゴムはこれでいい?!
今日寒いからこっちのコートにしなさい
あれこれ
あれこれ
ランドセル準備した?!
ホラくつはいて!! もう時間だよッ
・・・・・・って・・・
朝っぱらから…どんだけ気のきく執事だ…私。
小学校の先生に「あまりお世話しすぎないように」と言われ……
そうだ!! フーちゃんが自分で何でもできるようになるため…
黙ってみよう!!
ビシッ
おはよ～
のたくた…
あ～みて～お日さまがキレイ
のたくた
今日さ～学校でさ～
ペチャクチャ
いつまでもパジャマ
イライラ
やっと着がえても…
シール帳にはらなきゃー
あ～そうだこのシールもらったんだった～
イラ イラ イラ イラ イラ
はよ朝メシ食べんか～いっ!!!
ダーッ
母、30分でギブ
え～?できてるの～?
ここで一句
朝の支度 あせっているのは 私だけ
自立を促すのってムズカシイ…

うちの3姉妹 News 2009年度

なんと！シリーズ累計200万部突破！全国でファンが激増

2009年『うちの3姉妹』単行本は10巻まで達し、シリーズ累計はなんと200万部！“一家に一冊『うちの3姉妹』”時代の到来かー!! ってのはちょっと言いすぎですが、3姉妹の人気はもはや不動。この年創業310年を迎えた「にんべん」は、記念ＣＭやキャンペーンに3姉妹を起用しました。ほかにもロッテリアや、セブン-イレブンなどのキャンペーンにも起用され、たくさんの3姉妹オリジナルグッズが作られました。

11月発売の「うちの3姉妹ＤＳ2～3姉妹のおでかけ大作戦～」は5万本の大ヒット。5月から「アニマックス」でもアニメ放映。地上波でも引き続き放送され、毎週火曜日は「うち3だから早く帰ろう！」が小学生の合い言葉に!?

ロッテリア

キッズセットで3姉妹グッズが

ロッテリアのキッズセットのオマケに3姉妹グッズが登場。6月から9月のあいだに60万個が売れたのだそうです。すごい！

セブン-イレブンほか

コンビニやスーパーでプレゼントキャンペーン

10月にはセブン-イレブン、イトーヨーカドー、ヨークベニマル、ヨークマートの「セブンプレミアムキャンペーン」に3姉妹グッズが登場！

アニメコミックス創刊

大人気のテレビアニメが、アニメコミックスになりました。ほかにも『まちがいさがし』などのアニメ絵本も出版されました。

イベント

ファン感謝イベントにたーくさんの人が！

これらの大人気に感謝して、東京・練馬のＴ・ジョイ大泉にてファン感謝イベントを開催。800人ものファンを前にぷりっつさんのトークショーも。

CD

テーマソング集『しょで！Payaたっとぅ～ん♪だんしんぐっ！』発売

テレビアニメのオープニング＆エンディングは名曲ぞろい！それらを集めたＣＤがエイベックスから発売されました。あなたはどの曲がお好き？

Part 4

2010年4月～2011年3月

チーちゃん
年長

フーちゃん
小5

スーちゃん
小2

全員がひとつ進級する春。
母が勝手に決めた目標に向かってがんばって！
母も2年目のPTAをなんとかやり遂げます(^_^;)

年がら年じゅうバタバタしているわが家ですが、やっぱり春ってとくに忙しい……。

3人が一度に進級するとなると、準備しなくてはならないものがあとからあとから増えてくるんですよね～。で、わかっちゃいるけどあと回しにして直前にパニクる、というこのパターン。

よくまあ、毎年飽きずに繰り返しますわ、私。

さて、この春は長女が5年生、次女は2年生、そして三女が年長さんへと進級します。母の希望としては、長女には忘れ物を減らして、身のまわりの整頓がサッとできるようになってほしい。次女は、もう少しお友だちを増やせるといいかな……。そして三女にはガマンを覚えてもらいたい(笑)。

3人それぞれ、母が勝手に決めた(！)目標に向かってがんばってほしいと思います。私はというと、幼稚園でやったPTAを、なんと今年度も続けていくことに!!　まぁ、断りきれなかった感じですが……。

仕事も忙しいのでちょっと不安はあるけれど、わが家で最後の幼稚園生活になるわけだし、子どもにかかわりながら活動できるのもきっと今だけ！と思い直して、残りの1年楽しく過ごしたいなぁと思います！

だって、なんだかんだで、ぼーっと過ごしているとあっという間に次の春がきちゃいますからね～。

心機一転の春。みんなで気持ちを新たに、いいスタートを切れるといいな!!

新学期!!
気持ちも身のまわりもリセットして迎えようじゃないか
どうやって?
机の中も片づけてーー タンスも整とんしてーー
別に今までのままでよくないー?
ちっちっち
いい?進級は延長じゃないの
新たな気持ちでスタートしないと、、、1年にならないよ
じゃあさー
体操着のクラス名も、上からマジックで書かないでちゃんとつけ直してよー
あっバレた
「1」の上に「2」
2ねん
去年のクラスだよりとか行事の写真をつっこんであるこの箱はどうするの?
お道具箱の中全部クラスのお名前書き直して
どてっ
わー
ぞうきんあと何枚?!
お名前かきもあるしーっ
春休み足りなーい
毎年この時期は本当に忙しいのであります…。

3姉妹はやっぱり3段ベッドでしょ！
うれしい、でもちょっぴり怖い。
週末だけは5人いっしょに眠ろうね

わが家はずっと、和室に布団を敷いて家族5人で寝ていました。でも、子どもが成長すると1部屋に5人はやっぱり窮屈。2年ほど前に思いきってベッドを購入しました。いちばん下の段が、2段目の下に収納できるタイプの3段ベッドです。

初めてベッドが来たとき、長女は「いい夢が見られそう！」と目がハート。次女は、大好きなぬいぐるみをいっぱい並べて「ここはスーの国ね」なんてやっておりました。

でも、いざ夜がくると、急にナーバスになり始めた長女。「ちゃんと寝られるかなあ」と不安そう。そして、当時まだ幼稚園の年長さんだった次女もにぎやかに並ぶぬいぐるみたちとは裏腹に浮かない表情……。三女はまだ母たちといっしょに寝ていたこともあって、次女は「いいな、チーちゃんばっかり」と言うようになってしまったんです。

うっ……そうだよねぇ。3段ベッドだと、隣にはだれもいない。長女はともかく、次女にはまだ早かったかもしれない。

そこで、週末だけは母たちの寝室に布団を敷いて、みんなで寝ることにしたのです。

5人で寝ると、けられたり乗られたり布団をとられたりとなんだか落ち着かない夜になるのですが、そんなサバイバル(?)を楽しめるのも今だけ！

週末だけはすぐ隣にあるぬくもりを感じつつ、布団をとり合いっこしている私たちなのでした。

どーーーん
うちのベッドは3段ベッドでーす
長女用
次女用
三女用
3段目はキャスターつきで収納できる
次女は大量のぬいぐるみを毎日丁寧に並べ、自分の世界を楽しんでいる。
カエルちゃんはここでークマちゃんはここ
しかし、布団を干す時には大変迷惑である。
どーすっかなぁ…コレ…
ゲンナリ…
姉は、ベッドの中が見えないのをいいことに…
そーれ
バサー
なんでもほうりこむ
オイッ
まだベッドを使っていない三女は…
ハイ新しいおえかき帳
やった～
なんでもしまいこむ
ぎゅっぎゅっ
宝物がいっぱい
オモチャ箱と違うんですけど
3人それぞれの活用法でベッドのある生活を楽しんでいるようです…。

本格的なお菓子やパンが作れちゃう クッキングトイに夢中。このごろのオモチャってすごくない？

本格的なお菓子が作れる「クッキングトイ」がはやってますね。生キャラメルとかマカロンとか、おうちで簡単にできたらおもしろそう！　私がいちばんほしいのは、あめ玉でわたあめが作れるオモチャ。あめ玉の種類でいろんな味が楽しめるんだって。「買おうかな～」「どうしようかな～」と迷っていたら、長女の誕生日に知人がパンを作れるオモチャをプレゼントしてくれたんです。「毎食、パンでいい♥」というほどパン大好きな長女はもう大興奮。私もパン派なので、焼きたてのパンが食べられるなんて！と思わず目が輝いちゃいました。

でも……しょせんは子ども用のオモチャ。材料を入れてこねるだけで、本当においしいパンが焼けるのかしら？なんて半信半疑でチャレンジしてみたら……。いやー、ビックリするほどもちもちでおいしかった！「すごい時代になったもんだ」と年寄りじみた感想をつい口にしてしまうのも無理はない。だって、簡単なうえに自分たちで伸ばしたり丸めたりして楽しみながら作れるので、おいしさも格別！

最近は、お友だちが遊びにきてくれたときなどにいっしょに丸めて焼きたてパンをおやつに食べたりしています。

これからも、いろんなクッキングトイが出てくるといいな～。個人的には「フランス料理が作れるオモチャ」とか希望（ないか・笑）。

長女がお誕生日に
もらった
「こねパン」という
オモチャは…
材料を入れたら
こうしてぐるぐるハンドルを
回すだけ♥
ぐ～る
ぐ～る
発酵させたら
自分たちで
好きな形にします。
どんな
パンに
しようかな
～
♪
あまりこねすぎたり
時間がかかり
すぎると ふくらまなく
なるから 手早くね
は～～
…と
言っているのに
もくもく
こねこね
粘土と
かんちがいしてないか?!
ちまちま
うさぎの
パン…
…にみえない!
やり直し!
ぐちゃ
ふくらまなく
なるっつーの!!
そんなこんなで
なんとか完成。
おいしすぎて
夢みたい!
ん――
しあわせっ
これからは毎日
晩ごはんをパン
にしよう♥
それはちょっと。

旅先でアーティスト体験。
デミ・ムーアになった気分でろくろを回してみたかった……

先日、家族旅行に行ったときに、だれでも参加できる陶芸教室を発見。旅の思い出に……とみんなで陶芸体験してみました。

当然、粘土が大好きな子どもたちは大喜び！

私にとって、陶芸といえば「ゴースト　～ニューヨークの幻～」（えっ古い!?）。

せっかくだからデミ・ムーア気分でろくろを回したい！って思ったりもしましたが、やはりすごーく難しそう。子どもたちといっしょにおとなしく手びねりで、コップやお皿作りにチャレンジしました。

しかーし！　「手びねりなら簡単そう」なんて甘い甘い！　粘土の重ね方や厚さなど、焼き上がりのことを考えながら作らなくちゃいけない。大きなビアピッチャーを作ろうとがんばっていた父も、先生に「厚すぎる」「薄すぎる」とあちこち指導されてあたふたしていました。子どもたちも、先生に手伝っていただきながら（三女は半分以上母が手伝って）なんとか完成。マグカップやお皿を作りました。

焼き上がりまでには1カ月かかるので、まだ完成作品は届いていないのですが、みんな自分だけのオリジナル食器と再会できるのをとても楽しみにしてます。自分で作った食器で食べたらすごくおいしいだろうね！

また機会があったら、みんなで食器作りしたいなあ（そのときはぜひデミ・ムーアで！）。

旅先で、みんなで手びねり体験へ♡
どうしようどんどんでかくなるっ
ムク
ムク
不器用だな～
これが意外と難しい。
人と違うものを作ろうとするクリエイティブな長女……
四角いお皿
先生に言われたことを忠実に守るマジメな次女…
キチッ
先生と同じように作りますっ
難しいからあとはお母さんやって
ニコっ…
あきらめが早い三女。
そして形が完成…
おおーーっこうしてみると、なんかプロっぽい！みんな上手ーっ!!
しかし最後に好きな模様を描いていいよ、と言われ……
一気に安っぽくなった…!!
ガーン
センスのない絵
でもとっても楽しい思い出になりました。
楽しかった～
いつお皿燃やすの？
焼くって言ってくれる…?

バレエの美しさにうっとり～。習っている3姉妹より母のほうがバレエにハマってます

バレエを習っている娘たちのために、初めて買ったＤＶＤは英国ロイヤル・バレエ団の「くるみ割り人形」でした。せりふはひと言もなく、踊りだけで物語を演じていくバレエ。正直、みんな飽きちゃうかな？と思っていたのですが、すぐにハマってくれた子どもたち。まだ5才の三女ですら、「もう一度みたい」とおねだりしてくるほどになりました。

子どもたちがとくに好きなのは、熊川哲也さん率いるＫバレエカンパニーのＤＶＤ。「お父さんが『くまてつ』だったらいいのに」と言うほど、ベタぼれなのです（笑）。

しかし、バレエ鑑賞にいちばんハマってしまったのは何を隠そうこの私。子どもたちのレッスンにつきあっているうちに、バレエの難しさや奥深さがわかってきて、だからこそ「プロってすごい」と感動できるようになったのです。

最近は、レッスン見学に行っても自分の子どもなんて見ちゃいない。ついつい、お手本を見せる先生や、上級生のお姉さんたち（しかも、ひざから下ばっか）を食い入るように見てしまいます（笑）。いつかうちの娘たちも、こんなふうに踊れる日がくるのかな……と妄想だけがふくらむ毎日。あこがれのバレエ団のダンサーに少しでも近づけるように、みんながんばってちょうだいよ～！

バレエって超ステキー♥
家族でバレエ鑑賞にはまり中
中でもとくにはまってるん
やっぱ明るいドンキホーテもいいけど…
美しさではジゼルだわね～～
…で、ずーっとバレエみてると…
・・・
・・・
すくっ…

スッ…

自分も踊れるような気になるからコワイ
スッ ♪

なんで今「シェー」ってやってたの?

シェーじゃないもん!!!

自分で踊るのはムリだが…娘たちには少しでもがんばってもらいたい…と願う母でした。

なにそれ…まさか…

よっと
アラベスク♥

またまたハイレベルなオモチャが登場！

おもいっきり歌って踊って母はストレス解消しちゃうのだ

去年、長女がクリスマスプレゼントに選んだのは、いつでもどこでも歌えるカラオケのオモチャ。

これがね、けっこうスゴイの。けっこう臨場感のあるエコーをきかせることができて、単なる玩具とは思えない満足感を得ることができるんです。ええ、だれよりもカラオケをこよなく愛する私が言うんだから間違いありません(笑)。

テレビにつないで大勢で楽しむこともできるのですが、基本的にはヘッドフォンをつけて自分ひとりで楽しむというのがコンセプトのこの商品。うちの長女も、よくこれを使って歌っているのですが自分の声が聞こえないからか、単にセンスがないからなのか、そりゃあもう音はハズレまくり。それをひたすら聞かされるほうにとっては「なんの罰ゲームだ？」と思うほどつらい(笑)。

当の本人は、歌姫気分で自分の世界にひたってるもんだから、こっちは何も言えないいんですけどね。

私はというと、子どもたちがいない昼間に、ひとりで使っております。そう、おうちでヒトカラ状態。

ストレス解消に絶大な効果を発揮するので、仕事で行き詰まったときには偉大な存在。長女に相談もせず、勝手に次にダウンロードする曲を探す日々です。

窓をしっかりしめて、今日も腹から声出すぞー！

カラオケのオモチャで熱唱する長女
ホゲー！
しかし……実に、残念な音程。
……で、一応採点機能があるんだけど……
何点かな～
やったー 83点！
あれで?!
納得いかんっ
ちょっとお母さんにもかして！
んもー1回だけだよー
20数年つちかってきたカラオケテクニックを駆使して熱唱!!
85点！すごーい!! お母さんっ
あれっ
がーン
2点差
おかしいよこの採点
なんでー 85点ってけっこうすごいよ～
ムスー
いや、そーゆーことじゃないんだ……。
でことで今は採点はとくに気にせず……
ストレス解消のために活用中です。

バレエって実はスポ根!?
美しい舞姫たちのレッスン風景はまさしく体育会系部活動！

スポーツの秋がやってきました。
基本的にわが家の娘たちはそんなにスポーツが得意ではありません。走るのが遅いのは、見事に私に似ちゃったかな～（…すまん…みんな…）。

ただ、娘たちが習っているバレエのレッスンを見ていると、「これはもう、スポーツだわ！」と感じてしまいます。そう、バレエは本来芸術であって、スポーツとはいわないのですが。

実際、練習内容は本当にハード。汗だくになりながらひたすら同じレッスンを繰り返し、疲れても休めず、少しでも時間があいていたら自主練習……なんて、もうほとんど体育会系部活動のノリ！発表会前になると、先生の怒号もすごいしね（笑）。

腹筋や背筋もつけなくてはならないし、ふくらはぎの筋肉もがっつりついてきますからねぇ。舞台の上のあの優雅な踊りの裏にはこんなスポ根マンガみたいな厳しいレッスンが隠されているなんて、いやー、芸術ってわからんものですね。

この夏に発表会を終え、一段落した娘たち。ホッとしたのもつかの間、また通常の「ひたすら汗だくで繰り返す」レッスンに戻り、地道なレッスンを繰り返しています（ちなみに三女はまだお遊びです）。

彼女たちにとって、やっぱりこれはスポーツの秋!?でもいつか「芸術」に昇華していくのでは?と期待する母なのでした。

バレエのレッスンはただひたすら
同じことのくり返し……
ピョンコ
ピョンコ
ピョンコ
ホラ 立ちなさいっ 何してるのっ
続けるのよ 休むんじゃないわ!!
ひぃーっ
さながらスポ根マンガのような…
それにこのお方が耐えられるのか…?!
……
チラッ
ホゲ～～
今はそれが心配。
やる気ねェ～
まだチビちゃんクラスのお遊びバレエなので
とりさんになりましょう～
あははは
バタバタバタ
そりゃあ楽しそうですけども
1ばんの足は、おヒザつけるんじゃないの?
…
ちょっとアドバイスしようものなら……
なんで
できてるじゃん
チーやったよ
やってたよ
そーすか…
すごい勢いで反論されるし…
先生も幼児には怒らないので
チーは先生がお姫さまのような人だと信じて疑わないし(笑)。
2コマ目と同一人物
クラスがあがったらどうなることやら?!
とりあえず今後も見守っていきます…。

ぷりっつ家のアイドル初登場。3姉妹と同じくネコだって性格は三者三様なのです

わが家には今、ネコちゃんが3匹います。ちょうど2年前、10年目の結婚記念日を迎えたときに「ぜひネコちゃんを！」とダンナにおねだりしたのです。最初の予定はオスとメス1匹ずつ。でも、ブリーダーさんのところに行ったら、オスが兄弟で並んでいたので「ええぃ、お前も来い！」と勢いで連れてきてしまった(笑)。

子どものころ、うちで飼っていたネコは、それはそれは活発でした。だれかが歩いているだけで足にとびついてきたり、壁という壁で爪をといだりと、けっこうてこずった思い出がある。

だから、かなりの覚悟で準備をしていたんですよ。壁一面に爪とぎ防止の透明シートを貼ったりして。ところがどっこい、この3匹はかなりのっそりとしていておとなしい。ほとんど鳴かないし、爪とぎも決まったところでしかしない。ときどき、気が向いたときに(？)追いかけっこなどしていますが、みんなすぐに飽きてやめちゃうの。もっと走ってもいいんだよ～と思っちゃうくらい。

おとなしいのは3匹共通ですが、それぞれ性格はバラバラでこれがまたおもしろい。

耳たれのマルくんは、何にも興味を示さず我関せず。毛長のもじゃは、高いところから降りられない運動音痴のノロマさん。紅一点グレーのみぃちゃんがいちばんネコらしく、ネコじゃらしにもちゃんと反応してくれます。3姉妹＋3匹、わが家はますます大にぎわいです。

うちのネコは性格がバラバラ
（見ためも…）
マル 男
みぃ 女
もじゃ 男
ネコじゃらしをふると一目瞭然
おいでーっ
パタ
パタ
一応みんな注目はするけど…
じっ…
マルは100%無視
フン
もじゃは一応走ってくるけど…
ダッ
みぃに先をこされてあきらめるか…
みぃが苦手
ザッ
くるっ
スタスタスタ
はしっ
ちょこっとさわるだけ。
ちょん
見ているだけでセリフが聞こえてくるようで本当に飽きない3匹です。
もっとそっち行って!!
シャー
ゴ…ごめんなさい
オレ関係ねーし

ネコたちはみんなの人気者。3姉妹×3匹の絡みは目が離せない！ ネコ話の続きです

ネコたちが家にやってきてからもう2年。とにかくかわいいんですが、娘たちのかわいがり方といったらハンパない！　子どもってきまぐれだからそのうち飽きるかな？と思っていたけど、そんな様子はまったくなく……。毎日毎日、名前を呼んで、なでて、遊んで、めいっぱい愛をそそいでいるのです。ただし、愛のそそぎ方は3人それぞれ。

三女はネコたちをぬいぐるみみたいにさわろうとするので、しょっちゅうひっかかれているらしい。今日もホラ、ほっぺのあたりに向こう傷が……。それでもこりずにネコを追いかけまわす三女。たぶん、「ああ、またアイツが来たな」とか思われているんだろうなあ。気持ち、わかります。対照的にネコとの接し方が上手なのが次女。なかなか人になつかない臆病者のマルでさえ、次女には甘えているから驚きです。

長女は、ネコと遊びだすと、どうやらネコの世界に入り込んでしまうらしく、なかなか戻ってこない（笑）。そのうちネコ語を話せるようになるんじゃないかしら、あの人。

そんな3人それぞれの愛を一身に受け、ぬくぬくと今日も丸くなってる3匹。

寒いこの季節には、その姿を見ているだけでもあたたかい気持ちになります。そして疲れもいやされるのです。いやはやなんともありがたーい存在だなあ、ネコって！

みぃ〜
まるー
もじゃーーっ
3姉妹のネコに対する愛はでかい。
ただし この人はちょっと乱暴……
こっちにきなさーーいっ
ガシッ
※いつも命令口調
シャー
ガリッ
ネコもおそらくライバルだと思っている。
ぎゃーっ
次女の場合……
ただいまー
声がするだけでネコたちはドアの方へ寄っていき……
ドタドタドタ…
ガチャ
にゃーん
にゃーん
にゃーん
よしよし〜
みんなで甘える。
とくにコイツ、私やダンナと目が合うだけで逃げるのに!!
長女は長時間ずーっと遊んでくれる。
うふふ うふふ
たぶん、会話ができている。
にゃーん
そんな3匹は毎日遊んでゴロゴロして…のくり返し。
いいなーキミたちは
あーネコになりたい
ゴロ
ゴロ
ゴロ
ただいまー
…えっネコが4匹?!

大掃除の季節がやってきた！
今いちばんの問題は使用歴すでに5年のチーちゃんの机!!

わが家の三女も、いよいよ春から1年生。幼稚園のママ友の間では、「そろそろ学習机を買ったほうがいいのかしら?」なんて話題が出ているようですが、その話題、わが家には無関係。

三女の机は、とっくの昔に子ども部屋にしっかりセットされているのです。というのも、長女が小学校に入るときに「形がそろっていたほうがいいかなあ」と、3人分そろえて買ってしまったから。

つまり三女は、2才のときからマイデスクを所有していたことになります。

しかし、まったく聞き分けのないころから使わせているキャリア5年の机ですから、そりゃあもう恐ろしいほどのくたびれっぷり（笑）。お約束のシールは、天板を覆う勢いで貼られ、落書きも遠慮なし。引き出しの中もゴミみたいなものしか入っていないのに、なぜか満タンという恐ろしさ。

本人はピカピカの1年生になり、机もやっとのことで本番を迎えるというのに、この状態では学ぶ気も起きませんわ。

さらに残念なことに、机の中がごちゃごちゃなのは姉2人も同じ。新年を迎えるこのタイミングに子どもたちに机の大掃除指令発動！すっきりした机になったら、きっとお勉強もはかどることでしょう!?あ……私も自分の机片づけないと……。

見た目も恐ろしい三女の机……
ごちゃっ…
中身は……
そ～～……
おそる
おそる
ヒーーッ!
もっと恐ろしい……
溶けたアメ
たぶんゴミ
消しカス
ビーズ
やだーチーのひきだし汚な～い
あはは
おーい姉さん
あんたもあんたも!!
ごちゃ
次女はきちんとしてるんだけど
大事なものばかりで捨てられない…
物を大切にしすぎて(?)常に飽和状態…。
みっちり…
大事? そーお?
大掃除だーっ
大掃除しなさぁーいっ
うがーっ
でも使うものばかりだから…
いざという時見つからないと困るし…
てゆーか別にキレイだし
見事にお前の言い訳と一緒だな…
母の机↓
ですね…
しかたない…じゃ片づけなくていいよ
よくねーよ
そうじゃないだろ そうじゃ!!

子どもの想像力&創造力ってスゴイ! なんでも作っちゃう3姉妹はわが家のクリエーターなのだ

毎日寒い。子どもは風の子といえど、やはりついつい家の中に閉じこもりがちになってしまう娘たち。そんな彼女たちのお気に入りのおうち遊びは、やっぱり工作!これしかない!!

あき箱やトイレットペーパーの芯などを見つけると、「もらっていい?」と目がキラキラ。思い思いの作品に変身させていくのです(といってもぶっちゃけ、わけのわからんものが多いのですが)。

工作の先陣を切るのはだいたい長女。実は彼女、かなりクリエーティブな工作マニアなので、大人では思いつかないようなものを作ったりします。それを次女と三女がマネして作る、といった感じ。

最近の作品はバイオリン(左の写真参照)。3人で楽しそうに演奏してました(笑)。ただ、完成作品はどれもこれも一見ゴミ?みたいなのばっかり。それが部屋のあちこちに保存(またの名を放置)されている。捨てたい。でもきっと怒る。母は対処に困ります。

とはいえ、頭で考えたものを工夫しながら形にしてみるってすごく大事なこと。「想像して創造する」なんて、子どもだからこそ楽しめる遊びなのかもしれないし。

てことで、寒い日のおうち遊びには、ぜひみなさんも工作を楽しんでみてください! ただ、結果的にゴミが増えたとしても、当方いっさい責任は負いません(笑)。

きゅい〜〜こ…
きゅい〜こ….
なにしてるんだ？
きゅい〜こ…
なにーっ
きゅい〜こ…
きゅい〜こ…
バイオリン(?!)演奏中
3人が使っていたのはこちら…
手づくりバイオリン!!
ペットボトル
トイレットペーパーの芯
輪ゴム
ストロー
次は何の曲にする？
う〜ん
曲だったのか!!
ガーン
しかし数日後…
もう、ずっと同じとこに放置してある…
もうコレいらないなら捨てるよー
ちょっとちょっとどこにあったのー?!
ずっと探してたのーー
ちょうど使おうと思ってたのーー
うっ…うそつけ!!
こうしてわが家にはわけのわからない物が増えていく…

いよいよチーちゃんも卒園です(涙)。末っ子の王道、ワガママ・泣き虫・怒りんぼ。小学校でやっていけるの？

怒りっぽくて泣き虫で、負けず嫌いでワガママで、完璧に末っ子の王道……そんな三女が、この春小学校に入学します。いよいよランドセルです。

いいんだろうか、本当に。気が強いくせに打たれ弱いもんだから、小学校という荒波の中ではたしてやっていけるのか？というのが、とても心配（まあ、甘やかして育てた自分が悪いんですけど）。

でも、今思えば長女のときも次女のときも、あれこれ心配していたからなあ。長女の場合は「学校から帰ってこられるんだろうか？」が最大の心配事（笑）。なんてったっておっぺけぺ～日本代表みたいな子でしたから（←過去形にするにはまだ早い。油断するな、私）。

そして次女は、あまり自分から心を開くタイプではないので「ちゃんとお友だちができるかな？」なんて考えたり。

それでも子どもって、ちゃんと順応して、協調して、自立していってくれる。たくさんのガマンも失敗もするだろうけど、そのひとつひとつの経験が足元の道を固めて、また先に進めるのだと思う。三女の場合、その道が固まる前に駆け抜けていっちゃいそうだけどね（笑）。まあ、もしもそこで転んだとしても、きっと自分の力で起き上がってくれるよね。新しい世界に飛び込む三女を、私も信じて応援してあげなくては！

そう、私だって3人のランドセルっ子の母。いろんな経験をして足元を固めていこうっと！

わが家の末っ子 チーも
もうすぐ小学生…。
思い通りにならないとすぐムクれ…
ムスーーー
否定されることが大嫌い。
それ違うよ
キーーッ
いーじゃんべつにっ!!
ヒマさえあれば人の耳をさわる
まだまだ甘えん坊のチーですが…
あさって手紙出す日だよー 明日は体操着着ていくよー
先生の話はしっかり覚えているし
ほうほう。
チーちゃん幼稚園ではほとんど泣かないですよ
家ではあんなに泣き虫なのにっ
すごーくがまんもしているみたい。
その分おうちでバランスをとっているのかも?
ムッキーー
学校に行っても、きっとがんばってくれるはず。
家での多少のワガママには目をつぶりましょう!!
DVDみたいー おなかへったー あれやだこれやだ そんなのキライ
多少だぞ、多少!!

うちの3姉妹 News

2010年度

テレビアニメは「おかわりぱれたい」シリーズで再登場

4月からアニメ『うちの3姉妹』がちょっとだけチェンジ。サブタイトルに『おかわりぱれたい』がつき、新コーナー「おかわり3姉妹」もスタート。人気のあった回の再放送(おかわり)を加え、ますます盛りだくさん。そうそう、アニメはお隣の国・韓国でも放送され大人気になったんです。韓国語を話すフー・スー・チーって……すごい！

「にんべん」のキャンペーンには2010年も引き続き3姉妹が起用。キャンペーングッズの「うちの3姉妹ミニ炊飯器」は知る人ぞ知る人気グッズだったとか。また、東急ストアでは3姉妹をキャラクターにパンフレットを作成。お店で手にとった人もいるのでは？　クリスマスシーズンには、ニンテンドーＤＳ第3弾も発売になりました。

まさに八面六臂の大活躍を見せる3姉妹。今後もますます目が離せません！

単行本

累計270万部突破！

累計55万部突破！

アニメコミックス

テレビアニメコミックスも続々発売に

単行本『うちの3姉妹』は16冊、アニメコミックスは20巻(2011年6月)まで発売が決定中。これもひとえにファンのみなさまのおかげ！

東急ストア

かわいい3姉妹がパンフレットに

「東急ストアのやさしい取り組み」のパンフレットに3姉妹が登場。「やさしいスーパーってどういうこと？」という素朴な疑問に答えてもらいました。

ニンテンドーDS

(発売：カルチャーブレーン)

カラオケ好きの母、大満足!?

ニンテンドーＤＳ第３弾はカラオケ！　3姉妹といっしょに歌うもよし、ひとりでこっそり採点するもよし。もちろんミニゲームも盛りだくさん。

シールブック

おでかけのときも3姉妹と遊べるのだ

シールの数は255枚。そのすべてが、ぷりっつさんのかきおろしだから、当然カワイイ！「電車の中で遊ぶのにぴったり」とママたちの評判も上々でした。

おまけの4コマ劇場④

ぷりっつ家…思い出のワンシーン

お誕生日にサプライズ！……のはずが

子育ては大変！悩みのタネは腸内細菌

「おまけの4コマ劇場」で紹介させていただいたマンガは、2007年から2010年にかけて雑誌『主婦の友』（残念ながら休刊に！）や『Como』（現在も連載中！）にときどきかかせていただいたものです。そのときどきハマったものや、気に入った商品にからめてかいたものが多いですね。チーちゃんがやけに幼かったりして、すっごく懐かしい気分になりました。

あとがき

最後まで読んでくださってありがとう
ございました！
このエッセイの連載が始まったのが
つい昨日のことのように、あっという間に
過ぎてしまった4年・・・。
しかし、私がバタバタしているその間にも、
子どもたちはぐんぐん成長しているんですよねぇ。
原稿をあらためて見直してみて、
「こんなに幼かったんだな～」なんて、
他人事のように子どもの成長を楽しんでしまった私です。
でも、あまり変わっていないのが3人の遊び。
おかしな人形ごっこや踊りの発表会など、
へんてこな遊びはいまだに健在です。
まあ、3人仲がよいのはとてもいいことなので、
いつまで続くかはわかりませんが、これからも
その様子を見守っていきたいと思います。

さて、この本が出るころには、
うちの3姉妹たちは全員、小学生。
大きくなったわね〜、なんてのんびり
しているとまたあっという間に
時間が過ぎてしまうかも。
子どもたちの成長をしっかり感じながら、
毎日を過ごしていきたいものです。
そしてその時その時のわが家のブームや
楽しかった思い出を、
またこんな形で残していけたらいいなあと
思います。そのときにはまたみなさんもいっしょに、
ぷりっつ家ののほほんっぷりを楽しんでくださいね。

松本ぷりっつ

松本ぷりっつ

1974年生まれ。血液型O型。短大卒業後、幼稚園に勤務。翌年「ザ・マーガレット」で漫画家デビュー。その後結婚を機に幼稚園を退職、家事育児をこなしながら漫画家として活動を続け、2005年、ブログ「うちの3姉妹」を開設後、たちまち「育児部門」1位に。2006年4月に初めての単行本「うちの3姉妹」を刊行しベストセラーとなる。1〜15巻＆特別編、TVアニメコミックス「うちの3姉妹」①〜⑱も好評発売中。2008年4月からテレビ東京系で、テレビアニメ「うちの3姉妹」がスタートし、現在は、アニマックス(www.animax.co.jp)で好評放映中。

うちの3姉妹　ブログアドレス
http://ameblo.jp/3shimai/

この本は、雑誌「主婦の友」(現在休刊)の「ぷりっつ家は今日もごきげん」と、現在連載中の雑誌「Como」の「ぷりっつ家は今日ものほほん」の、2007年3月から2011年3月までの連載などに、あらたな書きおろしを加えて、編集したものです。

STAFF
デザイン　　神谷昌美
構成　　　　神 素子
校正　　　　井上裕子
編集協力　　栗田瑞穂(Como編集部)
編集デスク　近藤祥子(主婦の友社)

テレビアニメ『うちの3姉妹』画像
©松本ぷりっつ／主婦の友社・3姉妹プロジェクト

子育て爆笑エッセイ
うちの3姉妹

「ぷりっつ家は今日ものほほん」

平成23年6月20日　第1刷発行

著者　　松本ぷりっつ
発行者　荻野善之
発行所　株式会社主婦の友社
〒101-8911
東京都千代田区神田駿河台2-9
電話　03-5280-7537（編集）
　　　03-5280-7551（販売）
印刷所　凸版印刷株式会社

©Purittu Matsumoto 2011 Printed in Japan
ISBN978-4-07-277960-6

■乱丁本、落丁本はおとりかえします。お買い求めの書店か、主婦の友社資料刊行課(電話03-5280-7590)にご連絡ください。
■内容に関するお問い合わせは、出版部(電話03-5280-7537)まで。
■主婦の友社が発行する書籍・ムックのご注文、雑誌の定期購読のお申し込みは、お近くの書店か主婦の友コールセンター（電話049-259-1236）まで。
＊お問い合わせ受付時間　土・日・祝日を除く
月〜金　9:30〜17:30

主婦の友社ホームページ
http://www.shufunotomo.co.jp/

®〈日本複写権センター委託出版物〉
本書を無断で複写複製（コピー）することは、著作権法上の例外を除き、禁じられています。本書をコピーされる場合は、事前に日本複写権センター（JRRC）の許諾を受けてください。
JRRC〈http://www.jrrc.or.jp eメール：info@jrrc.or.jp
電話：03-3401-2382〉